Pia Rennollet

Herzensgefährten

Pia Rennollet

Herzens gefährten

Botschaften aus dem Reich der Pferde

Mit Fotos von
Laura Gerstenberger

NEUE ERDE

Bücher haben feste Preise.
1. Auflage 2018

Pia Rennollet
Herzensgefährten

Titelseite:
Foto: Laura Gerstenberger
Gestaltung: Dragon Design, GB

Satz und Gestaltung:
Dragon Design, GB
Gesetzt aus der Whitman

Fotos:
Laura Gerstenberger

Gesamtherstellung:
Appel & Klinger, Schneckenlohe
Printed in Germany

ISBN 978-3-89060-737-5

Neue Erde GmbH
Cecilienstr. 29
66111 Saarbrücken
Deutschland · Planet Erde
www.neue-erde.de

MIX
Papier aus verantwortungsvollen Quellen
FSC® C100257

Wie es begann

Ich wünschte, ich würde die richtigen Worte finden. Ich wünschte, sie würden einfach so durch mich hindurchfließen, so wie es war, als die Pferde zu mir sprachen. Was gibt es überhaupt noch zu klären? Ist nicht schon alles gesagt? Was ist wirklich wichtig?

Wie es dazu kam ist wichtig. Sagt Arielle. Sie steht jetzt hinter mir. Arielle ist eine kleine weiße Stute schon älteren Semesters. Sie war es, die mich dazu aufgefordert hat, die Pferde durch mich sprechen zu lassen.

Wenn die Pferde den Menschen sagen könnten, was sie ihnen schon immer einmal mitteilen wollten, was würden sie ihnen sagen? Wenn sie es könnten, was würden sie den Menschen mit auf den Weg geben? Welche wichtigen Botschaften hätten sie für die Spezies Mensch?

Arielle war es, die mich dazu veranlasste, zu den Pferden zu gehen und ihnen diese Frage zu stellen. Ich bin dieser Aufgabenstellung nachgekommen, habe mich zu den Pferden auf die Koppel gesetzt und sie sprechen lassen. Was dabei herausgekommen ist, steht auf den folgenden Seiten. Dieses Buch war also nicht meine Idee, und ich habe es auch nicht erdacht. Ich habe es lediglich aufgeschrieben.

Mal ganz ehrlich: Ich könnte es nicht schreiben. Nicht so und nicht in dieser Geschwindigkeit. Nichts von dem, was die Pferde übermittelten, habe ich verändert, kein einziges Wort. Ich bin mir sicher, es waren die Pferde, die sprachen. Jede der Übermittlungen formte sich im immer gleichen Rhythmus, einer Art Gesang in meinem Hirn.

Ich bin den Pferden auf verschiedenen Ebenen begegnet. Der Inhalt dessen, was sie kommuniziert haben, spiegelt das wider. Manche Aussagen sind sehr spirituell. Alle Aussagen sind weise. Die Pferde haben mich überrascht. Sie alle. Jede Begegnung war einzigartig und unverwechselbar. Die Pferde und ich haben gemeinsam einen Prozess durchlaufen. Nichts ist mehr, wie es war.

Die Herde

16. Juni

Kyra: »Ich möchte über Treue reden. Oft verkannt, selten erkannt, viel versprochen, kaum gehalten. Treue ist so wichtig für die Welt. Treue heißt Großherzigkeit, heißt Zuverlässigkeit, heißt Ankommen an einem Ort, der voll Liebe ist. Treue ist gelebte Liebe. Treue ist dauerhaft. Treue gibt Kraft. Treue symbolisiert die Ausdauer, die man einem anderen Wesen schenkt. Pferde sind treu. Sie stellen dies niemals in Frage. Darum die große Enttäuschung.

Im Feld der Pferde – in der Welt der Pferde – wird die Treue niemals in Frage gestellt. Menschen wohnen in ihren Köpfen. Dort ist so viel. Auch vieles, was ich nicht verstehe. Konstrukte sind das, fern vom wirklichen Leben, fern vom Erleben, fern vom Hier und Jetzt. Fern vom Augenblick. Fern von sich selbst. Wo ist der Mensch zu Hause? Lebt der Mensch die Treue?

Ist sie ein Ideal, eine erstrebenswerte Eigenschaft? Im Herzen angekommen, in sich selbst während, gibt es keinen Unterschied zwischen Treue und Liebe und Licht und Verständnis und Sein. Das Sein ist Treue. Treue entspringt den Herzen, nicht dem Verstand. Entspringt sie dem Verstand, dann ist es keine Treue.

Treue entspringt immer den Herzen. Treue ist offen, ist frei, ist da, ist echt. Alle Fragen sind beantwortet vor der Frage. Deswegen gibt es keine Fragen. Du denkst, das ist der Weg des Herzens. Ja, so ist es. Der Weg des Herzens ist kostbar, ist einzigartig. Der Weg des Herzens bringt Zufriedenheit. Ich kann euch Menschen sagen: Fühlt die Treue in den Herzen der Pferde.«

Jetzt kommt eine ganze Pferdeherde angaloppiert. Ich fürchte, ich muss wohl erst einmal aufhören.

17. Juni

Kyra: »Warum ich über Treue reden will: Wie sollen wir die Herzen der Menschen erreichen? Das ist unsere Aufgabe im göttlichen Planen. Jetzt und hier in dieser Zeit. Der Hund folgt dem Herrn. Das Sinnbild der Treue. Wir Pferde warten. Wir stehen da und warten, leben unser Leben. Dann kommt der Mensch. Unsere Aufgabe beginnt. Wir sollen das Herz erreichen und leiden darunter so viele Qualen. Geknebelt und gefesselt verrichten wir einen Dienst, der weit von dem entfernt ist, was unsere Aufgabe ist. Wir erreichen die Köpfe der Menschen durch unsere Verweigerung, durch das, was wir sind. Marterinstrumente werden erfunden, um uns zu knechten, um unseren Willen zu brechen, uns unserer Freiheit zu berauben. Wir würden alles tun – freiwillig, könnten wir nur unserer Aufgabe nachgehen.

Lasst uns in eure Herzen hinein. Dort werden wir zu euch sprechen. Euch Welten eröffnen, euch lehren. Wir geben uns freiwillig hin, wenn wir den Platz in euren Herzen einnehmen können. Ganz. Mit jeder Faser unseres Seins. Was macht ihr daraus? Was macht ihr aus dieser Chance, eine Brücke zu erbauen, um wieder heimfinden zu können in das All-Eine, das euch umgibt, das euch durchdringt und das in eurem Inneren lebt? Ihr seid durchdrungen von Licht. Ihr seid erhabene Wesen. So wie wir. Wir haben das erkannt. Wir sind bei euch, um es euch erkennen zu lassen. Wir sind hier. Mitten unter euch.«

Arielle gesellt sich zu Kyra und mir.

»Wir stehen in vergitterten Boxen. Zu Sklaven gemacht. Ihr versklavt die Freiheit. Damit versklavt ihr euch selbst.«

Arielle ist jetzt ganz nah. Ist das Kyra oder ist es Arielle, die da spricht?

»Öffnet die Tore. Entlasst die Freiheit in die Welt. Entledigt euch eurer Fesseln und seid frei.«

Ich bin mir jetzt sicher, dass es Arielle ist, die da spricht. Kyra verlässt uns auch gerade.

»Das ist es. Unbeugsam frei. In Demut leben heißt, sich nicht beugen, sich nicht brechen lassen. Das ist Demut vor dem Leben.

Demütig verneige ich mich vor dem Geschenk, das Leben heißt. Auch wenn es heißt zu kämpfen, zu kämpfen für die wichtigen Dinge. Auch wenn es heißt, Schmerz zu erleiden, gequält zu werden. Ich bleibe ganz Pferd. Was wollt ihr? Ein Pferd? Wirklich? Wollt ihr Stärke, Wille, Kraft, Energie, Wildheit, Freiheit? Ihr habt Angst. Ihr habt alle Angst.

Einmal in diese Welt eingetaucht, und ihr könnt euch nicht länger mit weniger zufrieden geben. Das ist der Puls des Lebens. Das ist authentisch sein. Dann strömt ihr zurück in eure Häuser, zurück vor Bildschirme, zurück in künstliche Welten fernab von jeder Echtheit. Dann bleibt eine Leere in euch. Die Trauer ergreift eure Herzen. Da war doch was? Wo ist es hin, der Moment? Ihr füllt das Loch mit Müll. Mit jeder Menge Müll. Warum lasst ihr es entstehen?«

Arielle geht. Ich sitze hier und halte immer noch die Möhre in der Hand. Die war für Arielle gedacht. Arielle hat sich die ganze Zeit direkt neben mir aufgehalten. Sie hat sich an Bäumen gekratzt. Als sie fertig war mit ihrer Durchsage, ist sie einfach gegangen. Ganz ohne Möhre. Ich bin platt.

Arielles Ansage ist durch meinen ganzen Körper geströmt. Ich habe starke Gefühle von ihr empfangen, die das Gesagte sehr eindrucksvoll untermauerten. Ein wenig von dieser Energie ist noch in mir. Ich bin aufgewühlt. Jetzt fängt es an zu regnen. Auch das gehört dazu. Reinigung durch Wasser haben wir dieses Jahr ja ausreichend.

Später dann gehe ich vollkommen durchnässt den Berg hinunter. Es regnet noch immer. Mir ist ein wenig kalt. Ich bin mir gerade deutlich bewusst, dass ich noch nicht hinein kann in das warme Haus, sondern jetzt gleich India für die Nacht auf die Koppel bringe. Also nochmal den Berg hinauf. Wenigstens kann ich dann reiten. Da sehe ich einen vollkommen perfekten Regenbogen. Er umspannt unser kleines Tal und ist wirklich wunderschön.

Ich denke an Kyras Brücke. Ob sie wohl so aussieht? Wie ein Regenbogen? Brücken aus Regenbogen bauen. Das ist eine schöne Vorstellung finde ich. Da zuckt ein großer Blitz innerhalb des Regenbogens. Klar und deutlich. So etwas habe ich nie zuvor gesehen. Kurz ist das Bild ein anderes. Naturgewalten zeigen sich.

18. Juni

Hechi (sprich Hetschi) und Sanuk stehen am Rande der Herde und ruhen. Ich setze mich zu ihnen.

Sanuk: »Die Welt ist groß. In ihr lebt Ruhe und Zufriedenheit. Es lebt sich. Widerstände sind zwecklos. Das Leben fließt wie das Wasser.«

Hechi dreht sich um. Er steht jetzt mit dem Hintern zu mir.

»Mal ruhig, mal heftig, mal unruhig, mal lustig plätschernd. Es hat seine Eigenheiten. Es ist zwecklos, sich dagegen zu wehren, sich dagegen zu stemmen.

Ein Kampf beginnt, der nur unnötig Kraft verbraucht. Die Strömung nimmt uns mit und trägt uns dahin. Ein schönes Gefühl, vom Leben getragen zu werden. So sanft. Diese Idylle des Eins-Seins. Grenzen lösen sich auf.«

Ein Flugzeug kommt. Das schneidende Geräusch unterbricht die Harmonie, die Sanuk mir übermittelt. Es ist wie ein Schnitt in meinem Bauch, und die Kommunikation wird unterbrochen. Nun kehrt langsam wieder Ruhe ein. Meine Ohren dröhnen vom Maschinenlärm.

»So ist das. Ihr durchschneidet die Harmonie mit fast allem, was ihr tut. Könnt ihr nicht in der ewig währenden Harmonie, die euch umgibt, verweilen? Ihr müsst euch nur öffnen. Warum schließt ihr das Leben aus euren Köpfen aus?

Ihr seid es, die Herz und Verstand zueinander bringen sollen. Wir sind es, die in Harmonie sind, wenn ihr uns lasst. Was ist das Wesen des Pferdes für euch? Was ist die Seele des Pferdes für euch?

Sie kommt wie Wellen, wie die Brandung des Meeres ans Ufer gespült. Sie umfasst euch, möchte euch mitnehmen in das endlose Treiben des Lebens. Aber ihr, ihr wehrt euch plötzlich. Haftet am Boden eurer Realitäten an und wollt nicht fliegen, wollt nicht fließen. Dann haltet ihr uns fest mit der Macht eures Seins. Und wir sind gebunden.«

Jetzt sitze ich hier. Sanuk und Hechi sind noch da. Mich berührt Sanuks sanfte Energie. Das hätte ich nicht gedacht, obwohl ich glaubte, sie zu kennen. Ich muss gestehen, ich war immer etwas angenervt von ihrem fordernden Wesen. Sie bettelt und sie stubst manchmal. Sie wirkt aufdringlich. Doch jetzt kann ich sie besser verstehen. Wie würde ich mich fühlen, wenn ich etwas mitteilen möchte und niemand will zuhören?

Sanuk kaut nun ausgiebig ab, wie zur Bestätigung, dass ich es endlich kapiert habe. Es gibt immer wieder neue Seiten an den Pferden zu entdecken. Und das hört nie auf. Sanuk steht noch immer hier. Mir wird bewusst – jetzt erst –, dass sie die ganze Zeit entspannt neben mir steht, ohne im geringsten aufdringlich zu sein. Ich habe den Rucksack zwischen meinen Beinen. Darin befinden sich Möhren. Sie weiß das. Sie zeigt kein Interesse daran. Schön, dass es Dinge gibt, die wichtiger sind als Möhren.

Am Abend: Ich stehe bei Sanuk und bedanke mich bei ihr für das Gespräch in der Frühe. Ich teile ihr mit, wie beeindruckt ich bin. Gandalf kommt. Zielsicher geht er auf uns zu, bleibt neben mir stehen und nimmt freundlich Kontakt zu Sanuk auf. Ich bin überrascht. Gandalf so nah bei Sanuk. Das habe ich bisher noch nicht gesehen. Sanuk ist genauso erstaunt wie ich. Sie erwidert seine freundliche Geste mit Ohrenanlegen. Ich halte die Hand zwischen die beiden.

Sanuk geht zur Herde. Gandalf schnobert an mir herum. Ich bin erstaunt. Das ist nicht seine Art. Bettelt er womöglich? Wonach bettelt er? Vielleicht will er gekratzt werden? Nein, das ist es nicht. Ich denke wieder an mein morgendliches Erlebnis mit Sanuk. Womöglich will auch Gandalf mir einfach etwas mitteilen. Ich frage ihn danach. Er bestätigt es mir. Dann aber vollkommene Stille in meinem Kopf. Das ist es also nicht.

Eine Idee habe ich noch. Ich versenke mich in meinen Körper. Gandalf entspannt sich nun sichtlich und steht ruhig neben mir, ohne weitere Kontaktaufnahme. Ich suche in meinem Bauch. Da höre ich: »Die linke Schulter!« Ich konzentriere mich darauf und spüre plötzlich einen zuckenden Schmerz. Wie einen Blitz. Danach ein Brennen. Ich bleibe mit meiner Wahrnehmung bei diesem Schmerz in meiner linken Schulter. Gandalf wendet sich ab. »Sie hat's verstanden«, sagt er im Gehen. Dann schnaubt er unterwegs mehrfach zufrieden ab und schlendert auf die Wiese zum Grasen. Die Herde folgt ihm. Den Schmerz in meiner Schulter haben sie mitgenommen.

Gandalf

Kismet

19. Juni

Es zieht mich zu dem Kratzast der Pferde. Frau Wuschel grast in der Nähe. Wichtelmann auch. Ich frage Wichtelmann, ob er etwas mitteilen möchte. »Das Gras schmeckt gut«, ist seine Antwort. Er ist wohl nicht zu tiefschürfenden Botschaften aufgelegt. Die Herde grast in der Nähe. Es ist Funkstille. Ich spüre einen leichten Anflug von Unmut. Ob es meiner ist oder ob diese Stimmung von den Pferden ausgeht, weiß ich nicht zu sagen. Ich entschließe mich, zu misten und später erneut mein Glück bei den Pferden zu versuchen.

Die Herde verlässt die Wiese und begibt sich zu ihrem Schattenplatz. Kismet, ein Mitglied des engsten Herdenkreises, bleibt bei mir. Dass sie nicht mit der Herde zieht, ist ungewöhnlich. Schon eine Weile habe ich ihre Aufmerksamkeit gespürt. Sie schaut mich an, ihre Ohren und auch ihre Blicke folgen meinen Bewegungen. Ich setze mich neben sie und packe meine Schreibutensilien aus.

»Mach dich leer und fühl den Wind auf deiner Wange.«

Ich höre das Zwitschern der Vögel, den Ruf der Krähen, das Rauschen des Windes, das Schnauben eines Pferdes. Ich höre Fliegen. Kismet schnobert über das Papier. Ich soll aufhören zu schreiben, teilt sie mir mit. Sie legt sacht ihre Nüstern an meine Stirn und bläst warmen Atem auf mein Drittes Auge. Das erinnert mich an eine Reikieinweihung. Jetzt stupst sie mit ihrer Nase gegen meinen Stift. Ich soll aufhören zu schreiben, wiederholt sie. Nun positioniert sie sich so, dass ich unter ihrem Hals sitze wie ein Fohlen im Schutz der Mutter.

»Nein, kein Fohlen.«

Sie stapft einmal energisch mit dem Huf auf. Kurze Pause, dann stapft sie mehrmals hintereinander. Ich soll aufhören zu schreiben, ermahnt sie mich ein weiteres Mal. Unmut, Ungeduld. Ein rotes Dreieck erscheint vor meinem inneren Auge. Sie tritt mit dem Vorderhuf auf das Papier. Ich soll aufhören zu schreiben, wiederholt sie. Endlich kapiere ich. Viel deutlicher kann sie nun wirklich nicht mehr werden.

Nachdem ich mit dem Schreiben aufgehört habe, schnaubt Kismet mehrmals zufrieden ab. Sie steht lange Zeit ruhig nahe bei mir und nimmt mich mit auf eine außergewöhnliche Reise. Als diese Reise beendet ist, schließt sie sich hochzufrieden wieder der Herde an.

Sie hat mich in ein Land jenseits der Worte geführt. »Du würdest auch eine Reikieinweihung nicht mitschreiben wollen«, erklärte sie mir. Stimmt. Wie kann ich das Land jenseits der Worte beschreiben? Dort, wo die Wahrnehmung es verlangt, die Worte aus dem

Hirn zu verbannen. Dort, wo in die Leere gegangen wird, um dann zu empfangen. Kismet war mir dabei behilflich, aus meinem Dritten Auge eine Art Horn erwachsen zu lassen, das sich in andere, ungewohnte Wahrnehmungsebenen entfaltet. Der Vergleich mit einem Einhorn drängt sich mir auf. Dieses Horn ist wie ein sich drehend bewegender Tunnel aus unterschiedlichen Lichtqualitäten, durch den sich meine Wahrnehmung an andere Orte begeben kann.

Meine Wahrnehmung wurde erheblich intensiver. Die Vögel waren lauter. Die Empfindlichkeit meiner Haut steigerte sich. Eine Fliege setzte sich auf meine Wange, eine weitere auf mein geschlossenes Augenlid. Es störte mich nicht. Willkommen im Land der Pferde?

Ich war unterwegs auf Kyras Regenbogenbrücke. Kismet führte mich zuerst in mein Herz und dann in ihres. Die Leichtigkeit und Lebendigkeit ihres Herzens haben mich erstaunt. So groß, so offen, so frei. Sie verwies mich auf die vielen Schmerzen, Narben und Wunden meines eigenen Herzens. Sie brachte beide Herzensenergien, die ihre und die meine, zusammen und ließ Heilenergie fließen in einer unglaublichen Intensität. Ich bin so erstaunt über das, was gerade mit mir passiert ist und so erfüllt davon. Mir fehlen die Worte. Kismet hat recht. Ich sollte den Versuch unterlassen, diese Erfahrung aufs Papier zu bringen.

Joline

20. Juni

Ich setze mich zu Joline. Sie seht in der prallen Sonne und ruht. Ich frage sie, ob sie den Menschen etwas mitteilen möchte. Sie kaut ab, mehrfach. Ich erkläre ihr, dass es für mich wichtig ist, mitzuschreiben, da es mir sonst nicht gelingt, ihre Aussage vollständig wiederzugeben. Ich erkläre ihr, dass diese Ebene der Kommunikation für mich sehr flüchtig ist, dass die Worte durch mich hindurchfließen, so dass ich mich anschließend kaum an sie erinnern kann.

Sie entfernt sich einen Meter von mir. Aber dann spricht sie.

»Die Sonne wärmt mich. Ich stehe in deinem Rücken. Öffne dein hinteres Chakra. Auch hinter dir geht etwas vor sich, finden Ereignisse statt. Der Wahrnehmungsfilter lässt euch nur das erkennen, was offensichtlich ist. Es gibt aber auch Dinge hinter den Dingen, die hinter den Dingen stattfinden. Die Welt ist verschachtelt. Ebene und Ebene und Ebene und Ebene. Endlos. Und weil es endlos ist, wirst du es niemals ganz erforschen können.

Sei zufrieden mit dem, was dir im Augenblick geschenkt wird. Sei zufrieden und gleichzeitig wachsam. Das schließt sich nicht aus. Die Welt erscheint dir in jedem Augenblick gerade richtig, gerade so, wie du sie in diesem Augenblick erkennen kannst. Das gilt für alle Menschen. Das Streben nach mehr und immer mehr ist gleichzeitig förderlich und gleichzeitig engt es euch ein. Es engt euch ein, weil ihr nicht in Zufriedenheit den Moment, die Qualität des Augenblickes erkennen könnt.

Jetzt ist jetzt. Und hier ist hier.

Das ist die Welt, in der wir leben. Nicht die Welt des Möglichen und Machbaren, sondern die Welt des Ist. Das ist rund, ja. Wir streben nicht danach, die Welt zu formen und zu verändern. Wir streben danach, die Welt zu leben, ein Ausdruck von ihr zu sein, eine Manifestation. Deswegen sind wir immer in ihr drin. Immer gegenwärtig, immer zu Hause.«

Joline entfernt sich.

»Ich stehe mit dem Hintern zu dir. Du kannst die Welt von hinten betrachten, von vorne, von der Seite, von überall. Aber wenn du die Welt betrachtest, dann bist du außen und nicht innen. Wir betrachten nicht. Wir sind. Wir leben. Wir sind immer innen, immer in ihr. Wir sind Teil davon. Das ist es, so ist es, Teil zu sein. Innen zu sein. Ihr seid außen. Das lässt euch die Dinge erklären, analysieren, zerreden und zerdenken. Das alles könnt ihr. Gefangen in euren Köpfen. Das ist klein, so klein.«

Joline geht nun weg. Gandalf kommt. Er stellt sich hinter mich und kaut ab. Er ist ganz nahe. Jetzt geht auch er. Ich sitze hier ohne Pferde. Mein Hund liegt neben mir. Mein Verstand möchte begreifen, was Joline übermittelt hat. Und dann bin ich schon wieder außen. Erklärend, analysierend. Ich fühle: Da ist so viel mehr.

21. Juni

Ich setze mich zu Marea. Sie knabbert an meinem Stift. Dann grast sie wieder neben mir.

»Oh ja, ich habe etwas zu sagen. Die Sanftheit des Pferdes ist wie das stille Wasser. Tief und unergründlich.«

Hier legt sie eine Pause ein. Ich empfinde tiefe Ruhe und Zufriedenheit.

»Lass es wirken auf dich. Ihr Menschen: Geht zu den Pferden und lasst ihre Sanftmut auf euch wirken. Taucht darin ein wie in einen See. Tauchen. Richtig tauchen. Unter Wasser. Eintauchen. Ihr müsst eure Wahrnehmung erweitern. Ihr müsst glauben an die Seele der Pferde. Daran, dass wir auch hier sind, um euch etwas zu lehren. Runter von dem hohen Ross, die Krönung der Schöpfung zu sein. Hinabtauchen in die Tiefen des Seins. Bis an den Grund.

Davor habt ihr Angst. Davor, einzutauchen. Ihr habt Angst, nicht mehr atmen zu können. Angst, eure Welt könne in Scherben zerbrechen. Angst, euer Leben, eure so tief empfundene Wichtigkeit könne sich auflösen am Grunde des Meeres.

Aber neue Welten öffnen sich. Es sind Türen, durch die ihr schreiten müsst, auch wenn es im Vorfeld keine

Erklärung gibt, was sich dahinter befindet. Wir öffnen euch die Türen. Sie sind weit offen. Ihr müsst einfach hindurchgehen und wahrnehmen, was ist. Keine eurer Verstandeswissenschaften kann erklären, was hinter den Türen ist. Es ist, als wäret ihr in einem geschlossenen Raum. Dort ist alles geordnet, katalogisiert. Dort hat alles seine Schublade, seine Erklärung. Doch da sind Türen, viele Türen. Ihr könnt hindurchgehen in die Räume hinter den Türen, hinter den Erklärungen.

Vergesst eure Angst. Wir helfen euch dabei. Erkennt eure Angst. Wir zeigen sie euch. Und wir zeigen euch auch, da ist Vertrauen. Vertrauen, getragen zu werden. Lasst euch tragen von uns. Hinaus in die Welten hinter den Türen. Ihr wollt reiten, aber ihr wisst nicht, was es bedeutet, sich vertrauensvoll tragen zu lassen. Welcher Nähe es dazu bedarf.

Ihr verlangt, wir sollen euch vertrauen. Ihr entwickelt Methoden, wie wir euch dienlich werden können. Gute wie schlechte Methoden. Und wenn ihr dann denkt, dass wir euch dienlich sind, so sind wir euch lediglich nützlich. Dienlich können wir nur da sein, wo wir sind. Wir können euch nicht dienen, wenn ihr euch jenseits der Türen befindet, in eurem geschlossenen, geordneten Raum. Dort ist kein Platz für uns. Dort werden wir niemals ganz sein. Dort ist nur Ordnung, nur Übersicht von außen auf die Geschehnisse des Lebens. Dort ist nicht das Leben selbst. Dort sind nur Abbilder von uns. Nicht wir selbst.

Ihr müsst uns folgen in das Land jenseits der Türen. Was haben wir in eurer Welt verloren? Dieser Welt der – wie soll ich es nur erklären? – künstlichen Gegenstände, der künstlichen Realitäten, der Gedankenkonstrukte, der Fiktionen, der Grausamkeiten, der Machtkämpfe, des Missbrauchs. Wir können die Türen für euch öffnen.

Dann könnt ihr kommen. Wir tragen euch auf unserem Rücken. Ihr müsst euch tragen lassen.

Wisst ihr überhaupt, was das bedeutet? Sich tragen zu lassen? Stattdessen zieht ihr uns in eure Welt. Ihr bindet uns. Lasst uns nicht mehr fliegen. Der Gruppengeist des Pferdes ist unsere einzige Verbindung dann zu unserer wahren Natur. Die Bezwinger, die Beherrscher, die Eroberer, die Besieger, die Herren. Von oben herab. Alles wird klein, wenn die Türen geschlossen sind.

Da ist so viel mehr. Wir sind für euch da. Lasst nach in eurem Bestreben, die Welt zu erklären. Lasst nach im Herrschen. Geht in die Sanftheit, geht in das Wasser bis auf den Grund hinab. Öffnet die Türen. Wir warten auf euch, nehmen euch in Empfang und sind euch freudig zu Diensten.«

Hier sitze ich, und nur mein Hund liegt neben mir. Die Pferde grasen zufrieden in Sichtweite. Ich muss an die Boxenpferde denken, die hinter Gittern stehen und in der Halle bewegt werden. Mareas Worte wirken nach. Sie haben Eindruck hinterlassen. Es berührt mich tief.

Am Abend: Ich setze mich zu Gandalf. Gandalf schnobert an meiner Hand und an meinem Knie. Ich lasse es zu und gehe auf Empfang.

»Ich stehe hier in Ruhe. Die Ruhe gibt Kraft. In der Mitte sein. Die Zusammenarbeit mit Menschen hat mir immer Spaß gemacht. Gemeinsam können wir so viele Dinge bewegen.

Das Rücken von Holz macht mir Spaß. Da kann ich mich beweisen. Das stärkt mich. Nicht nur den Körper, sondern mich. Einsatz zeigen, dafür Bestätigung bekommen, Kräfte walten lassen. Das ist eine Welt, die habt ihr Menschen mir gezeigt. Da habe ich dazugewonnen. Das hat mich bereichert. Da kann ich all das andere verzeihen, das ihr mir angetan habt. Mir, meiner Seele, meinem Körper, dem Pferdegeist.

Das ist so großartig, wenn sich meine Welt vergrößert. Was habe ich Stämme gezogen. Was hat mir das gut getan. Jetzt bin ich es zufrieden, Pferd zu sein. Ab und an ein leichter Stamm und manchmal auch einen schweren. Ich kann euch da viel zeigen. Ich kenne mich aus.

Pferdenatur ist es auch, Stärke auszuleben. Nicht immer schweben wir in Einhornwelten. Wir sind auch ganz da, in unserer gemeinsamen Welt. Da gibt es schon Schnittpunkte. Da kreuzen sich Menschen- und Pferdewelt. Das ist die Brücke. Das ist die Ebene des Materiellen, wo wir aus Fleisch und Blut einander begegnen. Gemeinsam können wir kritische Situationen meistern – durch Zusammenarbeit. Ihr habt auch etwas, was wir nicht haben. Davon profitieren wir. Ihr habt uns viel genommen. Und habt uns viel gegeben.«

Während des Schreibens ist Gandalf losgelaufen, und wir haben uns schrittweise gemeinsam über die Koppel bewegt. Das empfand ich als stimmig zum Text – diese gemeinsame Fortbewegung.

Später dann habe ich auf der Koppel einen Dachs ganz aus der Nähe gesehen. Den ersten Dachs meines Lebens. Ich halte das für erwähnenswert.

Marishi

22. Juni

Ich setze mich in die Nähe der Pferde. Marishi kommt zu mir.

»Die Welt ist im Wandel begriffen. Ein wahrer Satz. Alles ändert sich. Alles schwingt. Alles ist lebendig. Wir Pferde begrüßen die Veränderung. Sie kommt und gibt uns die Möglichkeit, uns zu entwickeln, unser Potential zu vergrößern. Wir schwingen auf in höhere Ebenen. Wie auch ihr aufschwingen könnt in höhere Ebenen. So wie ihr das wollt, wenn ihr das wollt.

Ich möchte etwas zu unserem Gruppengeist sagen. Der Gruppengeist ist verletzt. Er bedarf der Heilung. Ihr habt alle Macht dazu, ihn dabei zu unterstützen. Ihr habt eine große Chance, eure Menschlichkeit unter Beweis zu stellen. Mensch und Pferd, das ist gut zusammen. Das ergibt mehr. Mehr als ihr glaubt, dass dieses Mehr mehr ist. Wenn wir gemeinsam schwingen, schaffen wir ein neues Feld. Ein gutes Feld. Jeder Mensch mit seinem Pferd kann das tun.

Es ist nicht so, dass wir euch nicht tragen möchten. Wir möchten euch gerne tragen. Aber versteht, wir tragen in vielen Dimensionen auf vielen Ebenen gleichzeitig. Wir tragen euch ins Sein. Es gibt da etwas, das habt ihr unterwegs während eurer Entwicklung verloren. Es ist euch abhanden gekommen. Ich nenne es mal ein Problem. Obwohl es schwierig für mich ist, die Begrifflichkeit eurer Wörter zu verstehen. Ich möchte gerne etwas vermitteln, das ist ganz, das ist rund. Eure Wörter empfinde ich als eckig, als kantig. Sie stoßen dort an, wo es keine Widerstände geben dürfte. Wo es rund sein sollte, voll und ganz.«

Marishi entfernt sich jetzt grasend. Die Verbindung ist unterbrochen. Soll ich es nochmals versuchen? Soll ich ihr Mut machen? Oder soll ich die Sache lieber auf sich beruhen lassen? Ich entschließe mich dazu, zu ihr zu gehen. Marishi steht in Mareas Nähe.

»Ich bin unerfahren darin, solche Dinge zu vermitteln. Ganzheitliches auf eine andere Ebene herunterzuholen, das fällt mir schwer. Es brennt in meiner Seele, und es brennt im Gruppengeist. Das Feuer lodert.«

Sie schlägt beim Mückenwehren ihren Kopf gegen meinen. Das tut weh.

»So tut das weh. Dieses Brennen. Ein Schlag vor den Kopf, das weckt euch Menschen manchmal auf. Ihr haltet dann inne, bändigt eure aufgewühlten Emotionen oder lasst sie aus. Das ist unterschiedlich. Das eben ist bei uns anders. Da wird nichts gestaucht, angesammelt, persönlich genommen. Das verursacht mir Unruhe, wenn ich darauf stoße. Dass da ein dunkler Klumpen in euch ist. Irgendwo ballt sich da etwas zusammen. Wie eine dunkle Gewitterwolke. Da ist das Gefühl von Gefahr. Gewitter kann gefährlich sein. Da gilt es, einen richtigen, sicheren Platz zu finden.

Wo ist der Platz dann, wenn du Mensch bist und ich Pferd?

Wenn der Mensch das Pferd bindet, dass es nicht Schutz suchen darf, dass es ausgeliefert ist dieser dunklen Gewitterwolke. Daran erkrankt unser Gruppengeist. Der ist für uns wichtig. Der ist Teil von uns. Der speichert Informationen. Das ist ein Feld, an dem wir angebunden sind. Ganz fest verankert. Ein Teil von uns, der sich nicht greifen, nicht erfassen, nicht erklären lässt.

Auch ihr habt einen Gruppengeist. Den der Menschen. Auch das ist ein Feld. Auch ihr nährt dieses Feld, wie wir unseres nähren. Es gilt, beide Felder zu heilen. Jetzt, in dieser Zeit. Heute. Jetzt.

Die Felder, wir können sie ineinanderfließen lassen. Rund. Sie verschwimmen miteinander. Manchmal. Wenn das gelingt, dann sind wir eins. Dafür gibt es keine Worte. Darin liegt die Heilung für uns alle. Darin, die Felder miteinander verschwimmen zu lassen, die Grenzen werden ›flüssig‹, durchlässig. Die Ecken runden sich. Alles wird weich und sanft. Die Wogen des Meeres glätten sich. Zurückfinden in den Ursprung. Kehrt zurück auf eurem Weg. Schaut euch um. Nicht immer nur voran, voran. Ihr habt etwas verloren. Geht zurück. Hebt es wieder auf.«

Marea steht jetzt nahe dabei. Marea und Marishi. »Da liegt es noch auf eurem Weg. Ihr müsst danach greifen, und dann könnt ihr wieder heimkehren in die Einheit, aus der ihr gefallen seid, als ihr das verloren habt, was ihr verloren habt. Wir freuen uns darauf. Das befreit uns von unseren Fesseln, die ihr dem Gruppengeist angelegt habt. Ihr habt ihn in Ketten gelegt, damit er nicht fliegen kann. Ihr habt euch selbst in Ketten gelegt, damit ihr nicht fliegen könnt. Und ihr haltet uns fest. Ihr haltet uns alle fest.«

Marea kommt näher, hört auf zu grasen.

»Ihr haltet uns alle fest, weil der Gruppengeist in Ketten liegt. Ja, auch die wilden Pferde, die wenigen. Sie sind verknüpft mit dem Geist. Natürlich. Und sie speisen den Geist durch ihre Natürlichkeit. Wenn sie es denn dürfen. Alle Erlebnisse fließen hier zusammen. Alles. So nährt sich der Geist. So bildet sich das Feld. Bei uns. Bei euch. Bei jedem. Die Macht der Schwingung. Die Macht der Information, gespeist in einem Feld, im Gruppengeist. Wir sind daran angebunden. Ihr seid daran angebunden. Ihr habt Verantwortung. Denn ihr seid Schöpfer. Kinder spielen gerne mit der Macht, ihr Kinder der Erde. Hebt auf, was ihr verloren habt. Richtet den Blick zurück. Das ist eure Aufgabe. Jetzt.«

Marea und Marishi stehen nebeneinander und grasen. Die Herde ruht im Schatten.

»Der Geist ist uns heilig. Wir ehren ihn.«

Marea geht zur Herde.

»Der Mensch ist auch schön. Sein Glanz strahlt in den Welten. So voller Licht. So schön. So gut. So rein. So glänzend. Das tut so gut. Der Mensch und das Pferd, durch Licht verbunden – das Glück gelebt – Heilenergie – das Potential so groß – der Möglichkeiten viele – gemeinsam fliegen, das ist schön.«

Marishi geht zur Herde. Ich sitze jetzt allein hier. Auch der Hund hat mich verlassen und liegt im Schatten, in der Nähe der Pferde. Ich fühle Druck auf der Stirn, als wäre da innen etwas, das nach außen drängt, und als wäre da außen etwas, was nach innen drängt. Von innen nach außen und von außen nach innen. Dazwischen die Grenze. Da möchte etwas zusammenfließen. Da ist eine Barriere dazwischen, eher eine Membran. Sie kann auch durchlässig sein. Diffusion. Jetzt wird es leichter. Der Druck lässt nach. Viel Energie strömt durch meinen Körper. Die Beine hinab. Ins Erdreich hinein. Meine Beine fühlen sich schwammig an. Zittrig. Ich lasse es fließen. Jetzt spüre ich die Erde. Das tut gut und gibt Kraft.

Ich war schon misten. Da fiel mir etwas ein. Heute habe ich auf meiner Anrichte das zerbrochene Einhorn aus Glas entdeckt. Ich habe es aufgehoben. Drei Teile. Der Körper, der Kopf und das Horn. Das Einhorn aus Glas. Zerbrochen. Warum jetzt? Ich habe die Teile wieder hingelegt. Konnte sie nicht wegwerfen. Noch nicht. Dann bin ich gegangen und habe meinen Tag

Marishi

begonnen. Beim Misten eben ist sie mir wieder eingefallen, diese Begebenheit am Morgen. Der erkrankte Gruppengeist, das zerbrochene Einhorn aus Glas. Ich spüre die Warnung. Alarm in mir. Es ist an der Zeit zu handeln. Jetzt.

Am Mittag kommt mir ein Gedanke. Die Pferde haben mir so viel übermittelt, mich mitgenommen auf verschiedene Ebenen. Trotzdem gelingt es mir kaum, Mr. Higgins den Berg seiner Koppel hinaufzureiten. Fernab von jeder Harmonie und Einheit, fernab von der Einhornwelt. Wenn ich umsetzen kann, was die Pferde übermitteln, wird es dann leicht sein, den Berg gemeinsam zu erklimmen?

Vielleicht aber ist das Erklimmen des Berges dann unwichtig geworden und Mr. Higgins und ich bleiben zufrieden an dessen Fuße, um andere Dinge zu tun oder nichts zu tun. Was mich vorantreibt, den Berg hinauf, das ist mein Wille. Was ist, wenn sich mein Wille auflöst im Willen des Pferdes? Nur ein Wille statt zweien. Ein Wille geschehe.

Frankie

22. Juni am Abend

Es sind noch vier Pferde auf dem Schattenplatz. Die anderen grasen. Frankie zeigt Interesse. Er leckt an meiner Hose. Er schnuppert alles ab. Das Heft, den Stift, die Hand. Jetzt steht er still. Ich empfinde tiefe Ruhe.

»Zucht. Ich bin ein Quarter Horse. Ich bin ein Pferd. Hier gibt es andere Pferde. Sie sind auch Pferde. Sind wir von Menschen gemacht? Geformt? Erschaffen?

Wir dienen einem Zweck. Wir sind Spezialisten für Menschenvergnügen, für Menschenbelange. Pferd ist nicht gleich Pferd ist doch gleich Pferd. Ein Pferd wird immer ein Pferd sein. Da gibt es etwas, daran könnt auch ihr Menschen nicht rühren. Das ist tabu. Das ist gesperrt. Ihr könnt uns euren Maßstäben folgend verändern. Mal hier hoch, dann niedrig, dann stark, dann schnell, dann langsam und so weiter. Aber ihr könnt uns nicht wirklich verändern.

Ein Pferd bleibt immer ein Pferd. Ihr könnt es anziehen. Das Pferd kann Kleidung tragen. Ihr könnt die Hufe beschweren, die Mähnen schneiden und noch viel Schlimmeres tun. Und doch. Vor euch steht noch immer die Urgewalt, die sanfte Stärke, der freundliche Riese. Auch wenn das Pferd sooo klein ist, zum Spielzeug verdammt, so ist es doch ein Pferd. Eine Urgewalt, die reine Natur. Behaftet uns mit Schleifen, legt Leder auf unseren Rücken, mal so, mal so. Sperrt uns ein hinter Gitter und noch viel mehr. Schlagt zu und tretet – nur zu. Ihr könnt uns nicht formen. Ein Pferd bleibt immer ein Pferd.«

Frankie kaut viel ab und nickt oft mit dem Kopf.

»Lernt zu schauen, ihr Menschen. Was ist das, ein Pferd? Seid offen für uns. Wir können es euch zeigen. Das Pferd und der Mensch.«

Pause.

»So innig zusammen. Ihr gebt so viel Liebe. Ihr schenkt so viel Freude. Bei euch ist auch Glück. Bei euch ist auch Wonne. Warum so weit auseinander? Die einen, die lieben. Die andern, die strafen. Die einen im Licht, die andern so dunkel. Die einen gemeinsam, die andern allein. So weit auseinander. Warum? Ihr könnt so sehr stark sein und doch auch so schwach.«

Hechi kommt. Er möchte Frankie vertreiben. Aber Frankie bleibt und Hechi geht. Sehr höflich und auch sehr ungewöhnlich, denn Hechi ist das ranghöhere Pferd.

»Ihr könnt zu uns kommen, wann immer ihr wollt. Wir bleiben immer Pferde, egal, was ihr tut.«

Yuluk kommt. Frankie geht. Doch jetzt bin ich müde. Frankies Übermittlung hat mir Energie geraubt. Ein Anflug von Trauer bemächtigt sich meiner. Frankie schnaubt ab. Mehrfach.

23. Juni

Kaum habe ich mich auf meinen Misteimer gesetzt, kommt Yuluk.

»Heute ich«, sagt er. Dann geht er wieder und tunkt seinen Kopf in Gandhis Schweif. Es ist heiß heute, mückig. Yuluk steht etwa drei Meter von mir entfernt. Ich bin mir bewusst, dass eine Kommunikation mit ihm auch aus dieser Distanz funktioniert, im Grunde spielt die Entfernung keine Rolle. Sitze ich jedoch neben dem Pferd, so habe ich oft ein direktes Feedback des Pferdes in seinen körperlichen Aktivitäten wie zum Beispiel Abkauen oder im Falle von Kismet sogar dem Schlagen von Vorderhufen ob meiner Begriffsstutzigkeit.

Heute jedoch habe ich Paula dabei, einen weiteren Hund. Sie ist noch sehr jung und hat Angst vor Pferden. Sie liegt in meinem Rücken unter den Hecken. Dort fühlt sie sich sicher. Ich habe mich jetzt doch dazu entschlossen, näher zu Yuluk zu rücken. Paula habe ich einen anderen, sicheren Platz zugewiesen. Frankie kommt, und Paula geht. Sie setzt sich hinter meine Hündin Nam Pyng. Eine gute Entscheidung. Und wieder musste ich mich um Paula kümmern. Sie braucht einen großen Abstand zur Herde, um sich sicher zu fühlen. Nun hat sie ihren Platz gefunden. Ich kann loslassen. Yuluk ist Millionen Kilometer weit entfernt. Es fällt mir schwer, Kontakt herzustellen. Gandhi kommt zu mir.

»Ich unterstütze dich.«

Er bläst mir ins Ohr und auf den Strohhut. Er bläst Richtung Stirn.

»Das wollte ich dir zeigen.«

Das ist Yuluk.

»Der Abstand«

Yuluk schnaubt ab.

»Ich wollte dir den Abstand zeigen, den du immer einnimmst. Ich bin die Nähe. Den Pferden ganz nah sein. Das wollt ihr doch immer. Ihr Menschen. Doch ihr fürchtet die Nähe. Ihr bangt um euer Wohlbefinden, eure körperliche Unversehrtheit.«

Ist das jetzt Yuluk oder Gandhi?

»Ihr zeigt eure Verletzlichkeit. Ihr zeigt eure Wunden. Aber ihr lasst uns nicht in die Nähe, um zu heilen. In euren Köpfen befinden sich Bilder. Bilder von Unfällen, von Unglücken. Sollen wir dem gerecht werden? Was wollt ihr von uns? Ihr kommt mit den Bildern des Entsetzens in euren Köpfen zu uns. Bilder von Bissen, von Tritten, von Unfällen, von Verletzungen, von Knochenbrüchen, von Krankenhaus…«

Pause. Mein Herz ist eng. Es hat keinen Platz in der Brust. Druck.

»Sind diese Vorstellungen eure Wünsche? Sollen wir sie erfüllen? Sollen wir treten und beißen? Sollen wir uns losreißen? Sollen wir euch über den Haufen rennen?«

Der Druck ist jetzt auf meiner Brust. Es ist kaum auszuhalten. Gandhi hebt das Bein. Ich zucke zusammen. Er könnte mich treffen. Da hebt er das andere Bein und drückt es sacht gegen mein Knie. Ich verstehe.

»Manchmal, wenn ihr zu uns kommt, dann bringt ihr eure Erlebnisse selbst mit. Die Bilder sind so stark. Wir müssen sie erfüllen. Da ist ein Druck, den wir empfinden. Eine Disharmonie. Eine Ladung der Energien. Wir müssen dies zum Ausdruck bringen. Damit die Spannung nachlässt, unter die ihr uns setzt.«

Gandhi schlägt ordentlich mit dem Hinterbein auf den Boden. Wegen der Stechmücken? Aber er tritt sehr zornig. Die Spannung in meiner Brust lässt nach.

»Nach dem Ausbruch ist Ruhe. Die Energien haben sich entladen. Die Spannung weicht den Tränen, der Verzweiflung. Der Kern der Menschen ist nahe. Die Nähe ist noch nicht da. Aber die Verletzlichkeit wird gezeigt. Das ist ehrlich und wahr. Danach suchen wir. Ehrlich und wahr. Dann kann es gelingen, dann können wir zusammenkommen. Auch ihr dürft mal Angst haben. Auch wir dürfen mal Angst haben. Die Angst ist natürlich. Sie schützt. Sie hilft zu überleben. Seid ehrlich in der Angst. Ich verstehe, ihr seid verletzlich. Der Körper ist zerbrechlich. Ihr seid anders als wir.

Aber wir können auch sanft sein. Und vorsichtig. Und behutsam.«

Pause.

»Es geht um die Nähe und um eure Bilder. Es geht um die Zeit. Es geht um Bewusstheit. Ihr seid in euren Köpfen zu Hause. Dort müsst ihr aufräumen. Seid euch eurer Bilder bewusst, die ihr mit euch herumtragt. Sie könnten mächtig sein. Versucht es einmal anders. Was habt ihr zu verlieren? Versucht es mit Nähe, mit Ehrlichkeit, mit Klarheit.

Wenn ihr schwach seid, gebt es zu. Das ist schon in Ordnung. Doch spielt nicht die Großen, wenn ihr es nicht seid. Das ist nicht echt. Wir zeigen euch eure Schwächen. Wir zeigen euch eure Lügen. Wir zeigen euch eure Bilder. Wir zeigen euch eure Ängste. Wir sind gnadenlos.«

Gandhi spielt mit dem Papier, auf dem ich schreibe. Es ist, als wolle er umblättern. Darüber muss ich lachen. Die noch immer vorhandene Spannung baut sich ab. Jetzt wendet er sich ab und pupst.

Am Abend. Gandalf steht allein auf dem Schattenplatz. Die anderen Pferde grasen in der noch immer sengenden Sonne. Gandalfs Nüstern sind ganz nah an meinem Arm. Die langen Tasthaare kitzeln mich. Er interessiert sich für den Block und den Stift.

»Mach zuerst deinen Kopf leer. Da schwirrt noch so viel herum. Wirr und ungeordnet. Ihr Menschen seid zu viel in euren Köpfen zu Hause. Als hättet ihr den restlichen Körper davon abgespalten. Das war mal anders. Das weiß ich. Geht in euren ganzen Körper. Dann seid ihr den Pferden näher. Das wollt ihr doch. Den Pferden näher sein. Fühlt in eure Körper. Das ist gut. Fühlt in all das, was nicht locker, was nicht Harmonie ist. Erkennt die Anspannungen, die ihr mit euch herumtragt.«

Gandalf ist jetzt sehr entspannt. Sein Kopf sinkt immer tiefer.

»Ihr könnt das ableiten. Einfach in die Erde hinein. Wir helfen euch dabei, wenn ihr es zulasst. Ihr müsst es nur zulassen. Ihr müsst glauben können. Ihr glaubt an alles Mögliche. Glaubt doch einfach an die wichtigen Dinge. Dann können wir euch helfen, euch voranbringen in eurer Entwicklung zurück in das All-Eine, das ihr verlassen habt. Entspannung ist Voraussetzung. Und Leere im Kopf. Der Kopf muss frei sein. Das Herz ist wichtig. Zuerst Kopf, dann Herz.

Das Herz ist rein. Ist gut. Ist allgegenwärtig. In euren Herzen brennt ein Feuer. Ein Feuer. Ein Licht. Darin ist es hell und voller Kraft. Dort ist die Stärke zu Hause. Dort ist Wohlgefühl, ist Entspannung und Harmonie. So sollte es sein.«

Gandalf ist so sanft zu mir. Er drückt seine Nüstern ganz zart an meinen Arm, zeigt dadurch Nähe und stellt körperlichen Kontakt her. Jetzt weicht er ein wenig zurück. Ich spüre seinen warmen Atem. Er kaut ab.

»Die Herzen der Menschen sind rein und so schön. Es ist eine wahre Wonne. So viel Licht. So ein Strahlen. Das tut uns so gut. Wir fühlen uns wohl. Und wollen bei euch sein.«

Er drückt jetzt seine Nüstern eng gegen meinen Arm.

»Ich weiß, es gibt Herzen, die sind dunkel. Ich habe sie kennengelernt und gelitten. Dabei ist etwas zerbrochen. Durch das Leid.«

Er stubst mich leicht. Er kaut ab.

»Das Dunkle ist aber nur außen herum. Den Kern kann es niemals erreichen. Der Kern, das Herz bleibt Licht. Dieses Licht, das ist eine Wonne. Bewahrt es. Erkennt es. Da gibt es verletzte Herzen. Wie Risse im All. Die Risse sind außen. Das Herz, das ist rein. Versteht ihr? Das Herz ist so wichtig. Ob dunkel, ob rissig, ob kalt, ob zusammengezogen, der Kern ist das Licht. Das Licht kann euch helfen.

Das Dunkle wird hell. Das Rissige eben. Das Harte wird weich. Das Kalte wird warm. Ihr denkt zu viel und seid zu wenig. Geht in eure Körper. Sie sagen euch, was ihr verloren habt. Sie zeigen euch, was ihr tun könnt. Leitet alles einfach in die Erde ab. Verbindet euch mit ihr. Dann kommt ihr wieder hinein in das All-Eine, in dem wir doch alle sind.

Dann lasst euer Herz strahlen. Die Welt wird rein dadurch. Wir Pferde heilen die Heiler. Die Heiler sind krank. Wir können das tun. Wir warten auf euch. Wir rufen so laut. Könnt ihr uns hören? Vielleicht in euren Herzen. In eurem Licht. Da finden wir euch. Alles wird heil sein. Versteht ihr? So ist der Weg.«

Gandalf kaut ausgiebig ab und pupst. Dann streckt er sich. Er löst die innige Verbindung langsam. Ich spüre deutlich, wie er sich aus meinem Geist zurückzieht. Er steht noch immer hier bei mir, aber ich habe den Eindruck, als sei er jetzt in sich zurückgekehrt. Das war sehr intensiv.

Hechi

24. Juni

Die Pferde haben gerade ihre Plätze im Schatten eingenommen. Es ist noch früh am Morgen. Ich setze mich zu ihnen. Hechi und Yuluk stehen in meiner Nähe. Ich rücke näher zu den beiden. Vielleicht haben sie etwas zu sagen.

Yuluk wendet sich ab. Hechi kommt noch näher zu mir. Er schaut mich an. Ich frage ihn, ob er etwas mitteilen möchte. Daraufhin stubst er mir an den Strohhut. Zuerst nehme ich ein steigendes Pferd wahr. Es schlägt mit den Vorderbeinen. Die Augen sind weit aufgerissen. Jetzt nehme ich Stricke wahr. Sie sind am Halfter befestigt, das das Pferd trägt. Das Pferd ist gebunden. Es wird gezogen an den Stricken. In alle Richtungen.

»Freiheit. Ich spreche von Freiheit. Freiheit ist die Essenz des Pferdes. Pferde müssen frei sein. Sie können sich euch schenken. Das tun sie gerne. Mit jeder Faser ihres Seins. Mit allem, was sie so lebendig macht. Ich schenke mich gerne. Ihr aber knebelt und bändigt. Ihr bindet und fesselt und haltet. Ihr kämpft. Gewalt. Gewaltsam. Ihr nehmt euch. Aber nicht alles. Im Zwang ist kein Heil. Freiwillig. Freiheit. Unbeugsam erleiden wir euch. Ich spüre deinen Widerstand. Doch, wir sind unbeugsam. Die vielen Pferde, denen ihr Leben aberzwungen wird, die tun, was ihr verlangt, die funktionieren. Auch die sind unbeugsam. Sie leben weiter.«

Frankie schnaubt ab. Wie zur Bestätigung.

»Die ziehen sich nach innen. Denen hilft nur der Gruppengeist. Der nährt sie. Der pflegt ihre Seele. Das kostet Kraft. Das schwächt den Gruppengeist. Dort sind sie, die unfreien Pferde. Im Gruppengeist. Sie haben sich zurückgezogen. Ihr könnt sie nicht erreichen. So nicht! Wir geben uns als Geschenk freiwillig. In Freiheit. Freien Willens. Raubt uns nicht den Willen. Ihr verliert uns. Was bleibt sind Abziehbilder. Das Pferd ist entschwunden. Es lebt im Gruppengeist. Zieht sich zurück. Ist unerreichbar für euch. Die, die sich geben, die sich schenken in Freiheit, mit freiem Willen, die sind bei euch. Die können euch heilen. Oh ihr Verwundeten. Habt anderen Wunden geschlagen und euch selbst dabei getroffen.«

Gandhi rückt näher. Ich empfinde tiefe Trauer. Ich spüre Druck an der Stirn.

»Seht hin, was ihr tut. Erkennt es selbst.«

Hechi geht. Kismet kommt.

»Wir sind auch der Friede. Seht unsere Harmonie. Wir können uns befruchten. Gemeinsam.«

Kismet und Yuluk machen Fellpflege.

»Stärke.«

Jetzt spricht Yuluk.

»Wir sind auch Stärke. Wir sind Kraft. Wir sind Energie. Naturgewalten. Und wir suchen eure Nähe. Gemeinsam, das ist schön. Ihr zeigt uns neue Wege. Ihr überwindet Grenzen. Ihr baut Brücken, über die ihr zu uns gelangen könnt. Wir können so schön sein mit euch zusammen. Wir können uns zeigen. Wir können uns präsentieren. Darin liegt eine solche Eleganz. Die Kraft und die Stärke finden Ausdruck im Tanz, den wir mit euch tanzen dürfen. Aus zwei werden eins. Das ist wunderbar. Wer redet? Wer antwortet? Wer fragt? Wer gibt an? Da ist nur ein Wille. Ein Spiel der Eleganz. Das Miteinander mit euch, das gibt uns so viel. Wir erwachen zu Neuem. Das tut uns sehr gut.«

Sanuk ist jetzt auch hier. Im Grunde stehen alle Pferde vor mir und kauen ab.

»Wenn ihr die Pferde heilen möchtet, gebt ihnen die Möglichkeit zu leben, wie es ihrer Art vorgegeben ist. Lasst uns euch schenken. Keine Gewalt. Erkennt unsere Freiheit. Erkennt unsere Freundschaft. Erkennt unsere Liebe. Erkennt unsere Fähigkeiten. Erkennt die Heilung. Erkennt die Chance. Erkennt die Schönheit. Erkennt den Edelmut. Erkennt die Sorglosigkeit. Erkennt die Sanftheit. Erkennt den Mut. Erkennt die Stärke.

Dann lasst euch fallen in das Erleben mit uns. In den Moment, der zählt. Dort findet ihr uns. Dort erreicht ihr uns. Dann gehen wir gemeinsam, wo immer ihr hinwollt. Wir können euch tragen auf vielen Ebenen. Wir tragen euch durch Wälder in entfernte Gebiete. Wir tanzen mit euch. Es ist alles einfach. Kompliziert seid nur ihr. Ist etwas kompliziert, dann bewegt ihr euch in eine falsche Richtung. Pferde sind einfach. Die Lösung ist einfach. Einfach so. Gebt uns die Freiheit zurück. Lasst uns sein, was wir sind. Die Welt wird sich zum Besseren wenden. Wir suchen eure Nähe. Gemeinsam lernen wir voneinander. Das ist schön.«

Es stehen immer noch alle Pferde bei mir. Aber jetzt ist Funkstille. Ich bin traurig.

Yuluk

Kismet und Yuluk

25. Juni

Über Nacht hat es geregnet. Es hat sich abgekühlt. Die Herde steht auf der Wiese. Yuluk kommt.

»Ich möchte etwas über Stärke sagen und über Nähe. Ihr bewundert unsere Stärke, unsere Eleganz. Ihr bewundert, was wir über unseren Körper zum Ausdruck bringen können. Ihr findet es schön. Da ist eine Anziehungskraft zwischen Pferd und Mensch. Wie ein Magnet.

Nicht alle Menschen fühlen so. Es gibt welche, die sind voller Ängste. Wir machen ihnen Angst. Wir sind zarte, sanfte Wesen im Grunde unseres Herzens. Und wir sind stark und voller Kraft. Diese Kraft, die in uns ruht, die fürchtet ihr, wenn sie zum Ausdruck kommt. Wie ein Vulkan. Eine unaufhaltsame Naturgewalt.

Ihr seid fern der Natur. Darum fürchtet ihr. Ihr seid Teil der Natur. Noch immer. Ihr werdet immer Teil sein. Ihr könnt euch noch so weit entfernen, euch in eure Häuser und Gehirne einsperren. Egal, was ihr tut. Ihr werdet immer Teil sein von etwas, das größer ist als ihr seid. Ihr seid groß. Ihr seid stark. Wir sind groß und stark. Ihr macht oft klein, was groß sein könnte. Auch euch selbst. Das Kleine ist das zusammengedrückte Große, das unterdrückte Große. Wir müssen es öffnen. Es rauslassen. Das Große. Aus euch.«

Gandhi und Yuluk machen jetzt Fellpflege miteinander. Yuluk wendet den Kopf und schaut mich an.

»Ich bin immer noch da. Mach dir keine Sorgen. Ich bin da. Ein Anflug von Präsenz in dir. Ganz zart. Aber da. Der Kontakt ist da. Ich will dir zeigen den Hauch, das Flüchtige, das, was man nicht festhalten kann. Es ist trotzdem da. Es hüllt dich ein, ganz sanft wie Nebel. Du darfst es nicht ergreifen. Nur spüren. Wenn du danach greifst, so ist es entschwunden. Es lässt sich nicht greifen. Nur fühlen. Ein zartes Band, das uns verbindet. Und doch stark. So stark. Es kann nicht zerreißen. Es wird sich nur dehnen. Es wird dir durch die Finger rinnen, wenn du danach greifst. Es wird zu Boden fließen. Da liegt es und versickert im Erdreich.

Der Kreislauf. Ein Kreislauf. Alles ist ein Kreislauf. Auch wir sind im Kreislauf. Auch ihr seid im Kreislauf. Da ist ein Band. Es ist so flüchtig. Ihr könnt es nicht festhalten. Ihr könnt nicht danach greifen. Ihr könnt es nur fühlen. Das Band ist so stark. Es kann nicht zerreißen. Darum sind wir verbunden. Auf ewig. Ich bin noch da. Wie ein Hauch. So zart und so sanft. Das ist unsere Stärke. Wir sind stark, wir sind mächtig, wir sind sanft.«

Kismet steht jetzt hinter mir.

»Wir stärken euch, wenn ihr schwach seid. Ihr stärkt uns, wenn wir schwach sind. Ihr steht uns bei. Wir stehen euch bei.«

Kismet atmet deutlich aus. Sie kaut ab.

»Wir sind da für euch. Wir tragen eure Last. Ihr könnt kommen. Wir geben euch Kraft. Wir geben euch Stärke. Wir sind auch gefährlich. Wir sind Natur. Wir sind auf vielen Ebenen zu Hause. Wir können euch zeigen, wer ihr seid. Im Spiegel. Im Spiegel der Körper holen wir Verborgenes zutage, und wenn ihr uns lasst, so können wir heilen.

Da gibt es dann Tränen. Ein See aus Tränen. War er vertrocknet? Nun ist er gefüllt. Weint nur, ihr Menschen. Es gilt zu betrauern. Das lindert den Schmerz. Lasst fallen den Widerstand. Das würden wir euch raten. Ihr spürt den Magneten. Wir können euch formen. Ihr formt euch dann selber. Wir fordern euch heraus. Im Spiegel der Körper. Im Spüren der Gefahr. Da liegt der Reiz. Es reizt. Es fordert auf. Es treibt an. Und wenn ihr euch entwickelt im Spiegel der Körper, dann strahlt euer Licht. Der Magnet zieht jetzt stärker. Wir folgen.«

Yuluk ist schon länger fort. Er grast irgendwo. Kismet steht hinter mir. Die Vögel singen viel lauter als zuvor. Es hat sich etwas verändert.

»Ein Prozess. Ein Prozess ist im Gange. Wir spüren es alle. Die Zeit der Veränderung ist da. Der Prozess, ihr könnt ihn nicht aufhalten. Geht mit. Kommt mit. Der Prozess hat begonnen. Wir fühlen es alle. Wir leben in ihm. Lasst euch tragen auf den Schwingen des Lebens. Ihr braucht jetzt Leichtigkeit. Lasst fallen das Schwere. Es zieht euch zu Boden. Ihr wollt fliegen. Ihr wollt Licht sein. Lasst fallen das Dunkle. Wir helfen euch dabei.

Eure Welt ist uns fremd. Sie ist so laut. Sie ist so schnell. Da ist so viel. So laut. So unruhig. So viel unnatürliche Sachen. Das macht ganz krank. Kommt ihr zu uns. Kommt heim. Die Geräusche sind schön, sind angenehm. Die Vögel, sie singen, die Vögel, sie schwingen, sie weben das Muster der Luft. Kommt in diese Welt. Nicht in eure. Nicht Autos, nicht Handys, nicht Computer und Fernsehen, nicht all der Lärm und das Gebimmel. Es zerschneidet die Stille, es zerschneidet den Äther, es stört das Gewebe der Vögel. Der Lärm. Ihr Menschen.

Wir rufen euch. Kommt zu uns in unsere Welt. Wir ziehen euch herüber. Das uns ist das eure*. Das war einmal anders**. Wir wissen das. Ihr müsst wieder dorthin, wo auch ihr hingehört. Ihr müsst wieder Teil sein von dem, von dem ihr Teil seid. Heilung für alle.«

Es beginnt zu regnen. Nass werden gehört wohl auch dazu.

* Dies ist ein »Informationspaket« und heißt soviel wie: Mit all unserer Hingabe präsentieren wir euch unsere Welt. Unsere Welt ist auch eure Welt. Wir verschenken uns an euch. Wir fließen in euch hinein.

** Will heißen: Es gab eine Zeit, da waren unsere Welten nicht derart voneinander getrennt.

Am Abend. Ich habe India gerade auf die Koppel gebracht. Sie bleibt in meiner Nähe und schaut mich an. Nun ist sie bei mir, riecht am Papier und kaut ab. Jetzt grast sie neben mir.

»Es ist gut hier draußen auf der Koppel. Es ist gut im Stall. Ich bin froh, dass ich dich getroffen habe. Das Blatt hat sich gewendet. Ich habe die Menschen von zwei Seiten kennengelernt. Das wollte ich den Menschen sagen. Es gibt so viel Gutes, das ihr uns geben könnt, und so viel Schlimmes, das ihr uns antun könnt. Die Wahl liegt bei euch. Wenn sich die Herzen verbinden, ist alles möglich. Ihr solltet mit dem Herzen schauen. Immer mit dem Herzen. Das Herz brennt. Da lodert ein Feuer, das alles verzehrt. Sucht die Flamme in euch.«

Jetzt ist viel Unruhe um mich herum.

»Dann gibt es nicht mehr viel zu sagen. Wenn ihr das Feuer in eurem Herzen findet und ganz in Flammen steht, dann strahlt ihr hell. Alles ist richtig. Alles ist im Lot. Alles in Harmonie. Aus zwei wird eins. Das hab ich erlebt. Es gibt ein Zusammen. Darin liegt die Heilung. So war es für mich.«

Pause. Ich frage nach, ob sie den Menschen noch mehr mitteilen möchte.

»Ich würde euch gerne klarmachen, wie groß ihr wirklich seid. Ich verstehe nicht (Anmerkung: Ich weiß nicht, ob das richtig ausgedrückt ist. Es ist etwas in der Art von Verstehen und Erfühlen.), dass ihr Menschen zu solch Grausamkeiten fähig seid. Ich verstehe eure Schläge nicht. Ich verstehe die Schmerzen nicht, die ihr zufügt.«

Sie zeigt mir Szenen der Angst. Sie drückt sich mit vor Angst geweiteten Augen in die Ecke ihrer Box. Vor ihr ragt bedrohlich ein Mensch auf. Auf dem Reitplatz wird sie von ihrem Reiter mit der Gerte geschlagen. Sie empfindet große Angst.

»Warum tut ihr uns so etwas an? Ihr tragt alle die Flamme im Herzen. Gut und Böse habe ich gesehen. Es ist eure Entscheidung. Ihr trefft die Entscheidung, ob wir euch ausgeliefert sind oder ob wir uns befruchten. Ihr armen Menschen. Ihr tragt all den Schmerz in euch, den ihr uns zufügt. Wir sind euer Ventil oder wir sind eure/unsere Heiler. Es ist eure Wahl. Jetzt. Immer. Jederzeit. Das war's.«

Das war es dann wohl. Die Herde ist unruhig. Ich bin hungrig und mir ist kalt. Alles treibt mich in die stoffliche Welt zurück.

Nachtrag: Die Wiedergabe von Indias Übermittlung ist leider so nicht ganz vollständig. Als sie von dem Feuer im Herzen spricht, zeigt sie mir ihr eigenes Feuer und bezeichnet sich als Feuerpferd. Sie zeigt, wie es lodert, sie zeigt mir auch mein eigenes Feuer. Die Flammen vereinigen sich. Sie zeigt ein großes Feuer.

Gleichzeitig lässt sie mich empfinden, wie es ist, gemeinsam mit ihr über einen Sandweg zu galoppieren. Sie bringt mich in dieses Hochgefühl, das entsteht, wenn sich zwei Wesen verbunden haben, sich dadurch Grenzen aufheben. Sie bringt mich in dieses Gefühl, gemeinsam zu fliegen.

In der Zeitspanne, in der es mir gelingt, wenige Sätze zu Papier zu bringen, übermittelt sie gleichzeitig eine Fülle von Informationen, die verstandesmäßig betrachtet eine viel längere Dauer in Anspruch nehmen müssten. Ich nenne diese ihre Form von Übertragung »Informationspaket«. Wenn ich ein Paket erhalte, bin ich in dem Moment, da ich es in der Hand halte, im Besitz all der Dinge, die sich im Paket befinden. Aber es braucht viel Zeit, das Paket zu öffnen und eine Sache nach der anderen ans Licht zu bringen. So verhält es sich auch bei Indias Informationsübermittlungen. So ist es auch jetzt. Ich könnte Seiten um Seiten um Seiten füllen mit all den Bildern, den Gefühlen, den Erlebnissen, die nach und nach an die Oberfläche kommen. Ich glaube jedoch, dass die Essenz all dessen tatsächlich in den wenigen Worten enthalten ist, die ich mitschreiben konnte.

Frau Wuschel

26. Juni

Heute möchte ich mit Frau Wuschel kommunizieren. Ich bin gespannt, ob es möglich ist, mir aktiv ein Pferd für die Übermittlung auszusuchen. Frau Wuschel steht etwas entfernt von mir und grast.

»Lass los. Lass dich einfach fallen in meine Erlebniswelt. Erinnerst du dich noch an mich als das Pony, das du nach hier mitgenommen hast? So klein. Nicht nur an Größe klein, nicht nur der Körper klein. Das ganze Pony klein. Die Seele zusammengeschrumpft.

Ich richte mich an dich als Mensch. Du möchtest Mittler sein? Mittler zwischen den Pferden und anderen Menschen? So empfinde ich das. Dann erinnere dich an das kleingemachte Pony. Bring die Erinnerung auf das Papier. Das kannst du nicht? Das kannst du wohl. So klein, das Pony, so elend, so einsam. Verloren in einer Welt, die dem Pony ganz fremd ist.

Verloren und ausgeliefert an Menschen, die nicht in die Seele des Ponys blicken können. Verloren und ausgeliefert an Menschen, die immer nur sich selbst sehen. So klein, das kleine Pony. Gekrümmt. In sich selbst versteckt. Da kann es nicht gefunden werden. Dort ist Ruhe. So ganz in sich selbst versunken. Und nicht nur das Pony so klein. Auch die anderen so klein. Der große Schwarze. Ein Netter. Ein Benutzter. Ein Gezwungener. Die Zweifarbige. Die Dicke. So hässlich im Innern. So hässlich gemacht. Sie ist wie ihr

Mensch. Sie lebt, was ihr Mensch lebt. Ich weiß, sie hat sich hingegeben. Ganz hingegeben. Ich weiß, sie zeigt Verdrängtes. Ich weiß, sie versucht zu dienen. So hässlich geworden im Dienst. Übellaunig, isoliert. Und sucht Bestätigung beim Menschen, um sich schöner zu fühlen. So hässlich. Was habt ihr getan?

Das Pony (Frau Wuschel) so klein. In sich selbst eingeschrumpelt. Den Kopf eingezogen. In Deckung gegangen. Was tut ihr, ihr Menschen? Seht hin. Ihr hinterlasst Spuren, wo immer ihr langgeht. Ich bin ein freundliches Pony. Bin immer freundlich und nett. Ich bin jetzt sehr offen. Mein Wesen ist sanft.«

Sie entzieht sich mir, entgleitet mir. Ich fühle mich nicht gut. Mir ist schlecht. Wie ein Klumpen im Bauch. Ich leite das jetzt ab.

»Ihr Menschen seht hin und erkennt eure Taten im Antlitz eurer Pferde. Schaut in ihre Seelen, aber nur, wenn ihr rein seid. Erkennt dort das Wesen, das Wesen des Pferdes. Erkennt euch auch selbst. Das hässliche Pony. Es könnte so schön sein. Es hat sich hingegeben. Es hat sich hingegeben für den Menschen.

Er/sie schaut in den Spiegel. Der Mensch soll sich fragen: Bin ich es, der so hässlich ist? Wie formte ich das Pferd? Stellt euch Fragen. Was zeigt euch das Pferd? Das hässliche Pony: so launisch, so nervend, Platz da, jetzt komm ich. Das hässliche Pony – kein Raum mehr für andere – immer im Vordergrund. Mit Remplern und

Bissen, mit Stupsern und Tritten, so kommt es daher. Die Frau dann, genauso. Und doch ist da Herz. Die Frau sieht sich selber. Soll Einkehr halten. Einkehr ins Herz. So unzufrieden. Immer unzufrieden. Da fehlt dann der Friede. Hält sie Einkehr in ihr Herz und erkennt sich dort selber, kann Heilung geschehen. Dann lösen sich Fesseln bei ihr und dem Pferd, dem hässlichen Pony. Die Liebe wird rein. Das Pony wird schön. Die Frau strahlt. So sollte es sein. Das hässliche Pony – der hässliche Mensch.«

Alle Pferde wiehern plötzlich, eines nach dem anderen.

»Fragt euch, wenn ihr euren Pferden begegnet: Was davon ist das Pferd? Was davon zeigt das Pferd mir? Versucht, dies zu erfassen und bringt euch und uns ins Licht. Jeder Schritt, jeder Strahl zählt. Wenn ihr Harmonie spürt, seid ihr auf dem richtigen Weg. Ich war einst ein Pony, hab Kinder getragen, immer im Kreis. Der Lärm dieser Menschen, die unruhigen Kinder, das alles so krank. Das vergiftet uns. Das vergiftet euch.

Schaut in die Seele eurer Pferde. Da seht ihr die Pferde. Nicht unbedingt im Körper. Der Körper zeigt oft Bilder, die ihr selbst erschaffen habt. Er zeigt nicht unbedingt das Pferd. Blickt hinter den Körper, eine Ebene weiter. Dort findet ihr uns. Viele Pferde haben sich zurückgezogen, dorthin. Ihr Körper ist nur Abbild der menschlichen Welt, ist Panzer und Spiegel zugleich. Das ist es, was ich sagen wollte.«

Wichtelmann

27. Juni

Heute frage ich Wichtelmann.

»Das Leben ist schön. Das Leben macht Freude. Das Leben ist Lachen und Spaß. Das Leben ist Leichtigkeit, nicht Schwermut. Alles ist einfach, alles ist heiter. Aufgelegt zu einem Spaß?

Ich fordere euch heraus, die Lust zu entdecken, Gleichmut zu entwickeln, über Späße zu lachen. Ihr Menschen seid isoliert. So empfinde ich das. Wie in einer Röhre steckend kommen viele von euch daher. Die Röhre schirmt sie ab, von dem, was ich Leben nenne. Ich nehme das hin. Das ist eben so. Ihr in eurer Welt, ich in meiner Welt.

Wenn ihr offen seid, empfangt ihr mich. Ich bin ein Unikum. Ich tue, was ich will, bin gänzlich unabhängig, genüge mir selbst. Darin liegt Stärke, liegt Kraft und Vergnügen. Es ist das Vergnügen, das zählt. Ist's Spaß, ist es richtig. Darum nehm ich mich wichtig. Kleines Pony ganz groß. Ich mach gern Witze mit euch. Amüsier mich dann köstlich. Eure Welt ist so witzig. Ihr dampft dann aus allen Röhren.«

Er zeigt mir einen aufgeregten Menschen, der vor Wut kocht.

»Seid einfach heiter und habt Spaß. Ich bin ganz schön listig. Ich erkenne euch gleich. Der Menschen gibt es viele. Sie sind nicht alle gleich. Da ist eine Vielfalt, das finde ich toll. Ich weiß, es gibt welche, die verstehen den Spaß nicht. Die sind wütend oder traurig, meistens traurig. Die Wut ist nur Kanal. Ich durchschaue euch gleich. Ich brauch nicht sehr lange. Dann kenne ich euch. Die Schwachstellen sind wie rote Punkte. Da ziele ich darauf.

Ich mag eure Nähe. Wenn ihr seid, wer ihr seid. Dann ist es sehr angenehm. Wenn ihr macht und tut, wer ihr nicht seid, dann stachelt's in mir. Ich will das alles weghaben, das Gemache und Getue, damit ihr seid, wer ihr seid. Das stachelt in mir. Ihr wollt mir etwas sagen? Ihr wollt mir befehlen? Ihr wollt, dass ich tue, was ihr wollt? Pah!

Wenn ihr seid, wer ihr seid, dann ist das in Ordnung. Dann tue ich's gern. Oft macht es mir Spaß. Aber das viele Getue, das Gemache und Gehabe, das stichelt mich an. Wie ein Nest voller Bienen, macht summ, summ, summ, summ. Das regt mich dann auf. Ich kenne euch doch, ich sehe die roten Punkte, sie schwirren da herum. Da zeig ich euch eure Schwäche, dann lass ich euch toben und schreien. Das find ich dann witzig, die Bienen, sie fliegen, machen summ, summ, summ, summ. Dann wird alles rot um euch herum. Ihr seid ganz beschäftigt und schlagt nach den Bienen. Das ist dann ganz toll. Ich renn dann und buckel und quietsch vor Vergnügen. Die Bienen sind draußen aus euch.

Wenn ihr echt seid, ist es klasse. Ganz echt und ihr selbst. Mit all euren Mängeln, ich weiß das genau. Doch das Getudel und Gedudel, die Schnörkel und Schleifchen, das Gerede und Gezappel, die Show eures Lebens, die stachelt mich an. Da bin ich genervt. Ich bin ein Kumpel für euch, bin an eurer Seite, ich mach alles mit. Zusammen mit euch Menschen kann ich Abenteuer erleben. Das mache ich gern. Da blühe ich auf. Meine Augen glitzern listig, mein Herz macht weit auf.

Die Trauer in euren Herzen, die rührt mich schon tief. Drum wollen wir scherzen gegen die Trauer in Herzen. Ich bin ein starkes Pony, kann tragen eure Lasten, doch Spaß muss schon sein. Das ist die Würze im Leben, das will ich euch gern geben. Seht die Welt mit einem Lächeln, ihr nennt es Humor. Mit Humor gelingt euch alles. Nicht träge und ernst nehmen die Welt. Dann werdet ihr schwer. Das Leben ist ein Lachen, lasst uns all die Sachen machen, die leicht sind und frei.

Ein Witz, der kann auch schaden? Das glaube ich kaum. Ich bin ein Pferd der Erde. Mit ihr fest verbunden. Das macht mich sehr ruhig. Hab Humor in meinem Herzen. Bin immer aufgelegt zu Scherzen. Das solltet ihr sehn. Leicht und froh durchs Leben gehen. Das müsst ihr schon verstehen. Erlebt das mal, wie das so ist. Mal hüpfen statt gehen. Mal lächelnd in die Welt sehen. Das macht das Leben anders. Dann wird alles leichter. Ein Missgeschick? Na und. Könnte witziger nicht sein. Das kann ich euch raten. Seht den

Witz in eurem Leben. Nichts ist wirklich so schlimm. Da kann es Lachen geben. Bumm, bumm, bumm, bumm. Jetzt ist's rum. Fideldum.«

Am Abend. Ich frage jetzt Arielle, die immerhin die Urheberin des Projektes ist, ob ich wirklich alles zu Papier gebracht habe, was die Herde mitzuteilen hat.

»Ich spreche dir ein Lob aus. Die Leere. Die gute und die schlechte Leere. Die Leere ist wichtig. Der Zustand des So-Seins. Dieser Zustand ist die Voraussetzung für vieles. Sehr vieles.

Wenn ihr Menschen mit uns sprechen wollt, wenn ihr hören wollt, was wir euch mitzuteilen haben, dann müsst ihr leer sein in eurem Kopf. Eure Kopfstimmen sind so laut. Wir können dagegen nicht anschreien. Wir kommen da nicht durch. Wir hätten euch sehr viel zu sagen. Jedem einzelnen von euch. Es gibt Ebenen unserer Existenz, da sind wir sehr weise. Die Leere in euren Gedanken, die ist eine gute. Dann kommen wir durch. Die Leere in euren Herzen, die ist eine schlechte. Ihr solltet sie füllen mit schönen Erlebnissen, das wärmt euer Herz, facht an eure Glut. Wir können sie euch geben, die schönen Erlebnisse.

Die Wahl liegt bei euch. Ihr könnt kämpfen oder lernen, ihr könnt stark sein oder schwach. Ihr könnt gut sein oder böse. Ihr könnt traurig sein oder froh. Die Wahl liegt bei euch. Füllt die Leere in euren Herzen. Und lasst die Leere in euer Hirn. Dann gibt es keinen Kampf mehr. Wer soll den gewinnen? Was soll das denn sein?

Ihr habt versucht, mich zu zwingen, zu binden und zu knechten, ihr wolltet mich zwingen, meinen Willen dabei brechen. Ihr habt kläglich versagt. Ich lasse mich nicht brechen, lasse keinen Willen mir aufzwingen. Ich lasse mich nicht knechten. Ich bin doch frei geboren. Lieber tot als so leben. Das habe ich entschieden und hab's nicht bereut. Mein Schicksal hat sich gewendet.«

Ich habe jetzt Leere im Hirn. Es ist Funkstille.

»Ich bin eine heilige weiße Stute. Ich diene dem Gruppengeist. Mein Leben ist ein Symbol.«

Leere. Arielle geht. Ich sitze in einer ungewöhnlichen Energieglocke. Als Arielle gegangen ist, war es, als wäre sie mit einer Art Energieschleppe bekleidet. Dies war auch für mich ein außergewöhnliches Erlebnis.

28. Juni

Siesta-Stimmung bei den Pferden. Wichtelmann grast irgendwo allein auf der weitläufigen Koppel. Frau Wuschel ist bei der Herde. Ich frage bei den Pferden nach, ob jemand noch etwas hinzufügen möchte. Gandalf kommt zu mir.

»Ihr versorgt uns gut. Besonders im Winter. Dafür bin ich dankbar. Ich arbeite gern. Mit euch (hier meint er die Menschen vom Hof) habe ich es gern zu tun. Da kann ich dazugewinnen. Manche Menschen mag ich nicht. Da sind Verluste auf beiden Seiten, bei Pferd und Mensch. Insgesamt betrachtet, habe ich es gerne mit Menschen zu tun. Das solltet ihr wissen.

Lasst uns nicht zu hart arbeiten. Wir arbeiten gerne, auch viel. Doch es gibt auch Grenzen. Dann wird aus Spaß Schinderei. Das muss so nicht sein. Ein Tag folgt auf den anderen. Es geht immer weiter. Nicht Qual, sondern Freude ist das Ziel. Lasst uns die Zeit, die wir haben, gemeinsam genießen. Mal steinig, mal eben, mal bergig, mal gerade. So ist das Erleben. Wir bringen Stärke und Leistung. Ihr müsst uns nicht schinden.

Ich bitte euch darum: Erkennt unsere Natur. Wenn es heiß ist, brauchen wir Schatten. Da ist es schön kühl. Im Wald ist es gut. Schön kühl. Nicht schinden in der Hitze. Das tut uns nicht gut. Die Arbeitspferde, sie leiden unter Ehrgeiz und Druck. Manchmal ist es einfach genug. Wir sind sanfte Wesen trotz unserer

Größe, trotz unserer Stärke. Im Kern sind wir sanft. Schwingt euch ein auf das Sanfte. Das würden wir danken. Erkennt die Grenzen unserer Leistung. Genug ist genug. Lasst uns arbeiten, nicht gammeln. Wir lieben diese Freude, die unsere Leistung uns bringt.«

Kismet: »Geht den Weg des Einhorns. Das Horn ist so spitz. Es bohrt sich in Welten so schön. Seht das Einhorn in den Pferden, so edel, so schön. Wie Nebel so flüchtig, unnahbar und nah.«

Sie sendet mir ein Bild. Ein Einhorn steht an einem Teich. Leichter Nebel umgibt die Szenerie. Ein Mensch, der die Hand zur Kontaktaufnahme ausstreckt, steht vor dem Einhorn. Das Einhorn wendet seinen mächtigen Kopf und berührt ganz sanft die Hand. Mensch und Einhorn in Kontakt, das ist ein mächtiges Bild. Es wirkt sehr stark auf mich.

Gandhi: »Vergesst nicht, dass wir stark sind. Das ist keine Drohung. Das ist einfach Fakt. Wenn wir uns wehren, können wir verletzen, euch zerbrechlichen Menschen schaden. Das ist dann kein Vorsatz, ist reine Verzweiflung. Aber wir können das tun. Ein Pferd ist auch gefährlich. Darin liegt der Reiz. So sanft wie ein Lämmchen, so zart wie ein Vogel und stark wie ein Berg. Wenn wir müssen, können wir kämpfen. Und werden dies tun. Gebt uns Freiheit, nicht Enge. Enge macht uns gefährlich. Schafft uns Freiraum. Das ist wichtig.«

Hechi: »Wenn euer Licht hell strahlt, liebe ich es, bei euch zu sein. Es macht mir Spaß, mich mit euch im Gleichklang der Bewegung zu finden. Es macht mir Spaß, euch dorthin zu führen. Ich mag es, wenn Mensch und Pferd sich aufeinander einschwingen. Ich komme gern zu euch. Danke.«

Sanuk: »Ich liebe die Aufmerksamkeit, wenn ihr sie mir schenkt. Ich liebe das Putzen, macht wohlig und froh. Doch wir können viel mehr tun. Nicht nur in körperlicher Gestalt. Das verbindet uns stark. Es gibt ein Band zwischen Mensch und Pferd. Da ist eine Verbindung, geknüpft aus Erlebnissen, gewoben vom Geist. Spürt ihr das auch? Wir spüren das stark.«

Marea: »Ich möchte heilen eure Wunden. Möchte da sein für euch. Es gibt mehr solcher Pferde. Erkennt diese Pferde. Lasst sie ihre Arbeit tun. Wir können viel helfen. Viele Pferde werden als Heiler geboren. Sie werden eingeschnürt in Leder. In Hallen geführt. Dort drehen sie Runden mit lärmenden Kindern. Das ist nicht so gut. Sie könnten heilen auf Ebenen, die ihr nicht versteht. Lasst sie in Kontakt gehen mit Kindern, den lärmenden Kindern. Sie könnten viel leisten, wenn ihr sie nur lasst. Lasst sie heilen, die Heiler, lasst sie tun, was sie tun. Nicht bestimmen ihr Verhalten, nicht führen im Kreis. Ihr mindert ihre Leistung. Lasst sie tun, was sie tun. Das sieht für euch vielleicht wenig aus, wenn sie tun, was sie tun. Ihr könnt nicht erkennen, die Ebenen dahinter, wo sie tun, was sie tun.«

Joline: »Ich stehe im Licht. Hier ist es ruhig und friedlich. Alles ist zur Ruhe gekommen. Hier möchte ich euch begegnen. In der Ruhe und dem Frieden. Das So-Sein in der Leere lindert Schmerzen im Herz.«

Frankie: »Wir haben gerne mit euch zu tun, wenn ihr uns denn lasst. Wir tragen euch gerne. Aber da ist zu viel Aggression und Wut. Das muss so nicht sein.«

Yuluk: »Ich liebe die Nähe. Auch Distanz muss manchmal sein. Der Mensch wird oft zum Raubtier. Das macht mir manchmal Angst. Ich nehme euch ernst. So ernst. Mag mich messen. Mag auch lernen. Wir lernen gemeinsam. Mal der Mensch, mal das Pferd. Mal beide gemeinsam. Dann sind wir sehr zufrieden. Ein gutes Gefühl.«

Marishi: »Ich bin eine Fee auf dieser Erde. So fein und so zart. Ich fange alles gleich auf. Jeder Gedanke nimmt Gestalt an in meiner eigenen Welt. Achtet auf eure Gedanken, ihr Menschen. Macht sie rein, macht sie klar. Ich spüre doch alles, komme damit nicht immer klar. So wie mich gibt es viele. Hysterisch und wild. Überfordert von den Bildern, überfordert von den Stimmen, überfordert von den Gefühlen. Information über Information dringt ein, dringt durch. Nur Chaos, nur Hektik, nur Schreie und Krach. Alles dreht sich, alles dreht sich. Alles ist dann zu viel. Wenn ihr klar seid, wenn ihr rein seid, wenn ihr ruhig seid und der Friede herrscht. Das tut uns so gut. Dann können wir eins sein. In der Ruhe erstarken. Zusammenfließen.«

Kyra: »Treue erwärmt das Herz auf beiden Seiten.«

Frau Wuschel: »Ponys sind auch Pferde. Ponys sind an den Gruppengeist angeschlossen. Ponys sind wundervolle Tiere. Schenkt ihnen eure Liebe. Gebt ihnen euer Mitgefühl.«

Sie sendet Bilder von Kirmes-Ponys, von dicken, fetten Rasenmähern, von abgemagerten, verhungerten, langfellig verfilzten Ponys, von Ponys mit vielen lauten Kindern um sich herum, von müden Kutschenponys.

Wichtelmann: »Erkennt den Kobold im Pony und habt mit ihm Spaß. Seid klar und bestimmt, kein Getudel, kein Gedudel. Wir wollen nicht raten, was ihr von uns wollt, wir wollen das wissen. Drückt euch klar und verständlich aus. Das wäre eine große Erleichterung.«

India: »Viele Pferde senden Informationspakete. Die Menschen packen sie nur nicht aus. Menschen, gebt den Pferden ihre Freiheit, lasst sie laufen unter euch, in Freiheit. Dann können wir eins werden.«

Eine Art Abschiedsstimmung hängt in der Luft. Ein Anflug von Wehmut, doch auch satte Zufriedenheit.

Am Abend steht die Herde ganz oben am Horizont. Sie zeigt sich mir nur aus der Ferne. Die Pferde bleiben lange dort oben. Ein passendes Bild.

29. Juni

Ich sitze am Horizont auf meinem persönlichen Kraftplatz. Hier kann ich gut mit dem Land, auf dem die Pferde leben, in Kontakt treten. Das Land, die Landschafts-Deva, Mutter Erde, Gaia, wie auch immer ihr es betiteln wollt, hier ist es leicht, sich damit zu verbinden. Hier standen gestern zum Ausklang die Pferde.

»Die Welt ist rund. Die Welt ist Einheit. In Liebe gehalten, die Kinder der Erde. Das Land ist dem Menschen gerne dienlich. Verschmelzen sollte er wieder mit dem Großen und Ganzen. Der Mensch ist herausgetreten aus dem Gefüge, um zu erforschen, was jenseits liegt. Nun gestaltet er seine eigenen Welten, in denen er lebt. Der Mensch aber gehört in das Gefüge hinein. Er muss einfließen. Es muss zusammenfließen, was zusammengehört. Die Pferde ziehen die Menschen ins Land hinein. Das ist ihre Aufgabe. Sie sind Botschafter. Sie kommen, um die Menschen wieder hinein zu begleiten. Der Mensch kann nicht fehlen, wenn er wieder Teil ist des Großen und Ganzen. Ein geliebtes Kind. Heimgekehrt. Doch ist er hinausgetreten aus dem Großen und Ganzen. Ein Bein ist noch innen. Der Rest ist schon draußen. Wir rufen dich, o Mensch. Tritt zurück in das Gefüge. Mutter Erde ruft ihre Kinder.«

Tamar und Annabelle

Die »Großen«

29. Juni

Mr. Higgins: »Ich bin enttäuscht, so enttäuscht. Mein Herz blutet.« Er schnaubt ab.

»Viele Pferdeherzen bluten. In mir ist noch die Trauer. Sie sitzt noch sehr tief. Wie ein Stachel im Herzen. Ihr habt mich benutzt und missbraucht. Ich war doch so offen. Hätte alles getan. Doch was ich auch anbot, war falsch.«

Er kaut ab. Dann bläst er mir sanft ins Ohr.

»Ich war einmal groß.«

Pause. Ich frage nochmals nach.

»Soll ich? Darf ich? Kann ich vertrauen? Das ist ein Problem. Ich kann mich verschenken. Hab Angst vor Enttäuschung. Ich hab Bilder in mir. Von schrecklichen Menschen. Das tut mir noch weh. Kann ich ein Freund sein? Gibt's Freundschaft bei Menschen? Gibt´s Freundschaft mit Menschen? Ich bin mir nicht sicher. Gibt´s solche und solche?«

Pause. Ich spüre eine starke innere Unruhe. Ich spüre Unwillen. Ich leite das jetzt ab.

»Hab Heilung noch nötig. Ich bin noch verletzt. Die Enttäuschung so tief. Ich hab Misstrauen im Herzen. Was ist wahr? Was ist falsch?«

Er atmet hörbar aus.

»Wenn ich's nur wüsste. Ich würde es tun. Doch mal so lang, dann so lang und auch das ist nicht richtig. Ich kann tun, was ich soll und doch ist's dann falsch. Ich brauch Heilung. Das ist richtig. Ist mein Panzer wirklich falsch? Er war mir einst so wichtig.«

Pause.

»Ich habe mich angeboten. Immer wieder. Ich wollte immer alles richtig machen. Und alles war falsch. Soll ich laufen? Soll ich stehen? Ich konnte euch nicht verstehen. Bin ich deswegen ein schlechtes Pferd?«

Pause.

»Nur ihr Menschen könnt uns heilen. Oder nicht? Aus Misstrauen wird Vertrauen. Aus Angst wird Glaube. Aus Unsicherheit wird Sicherheit, wird Stärke. Selbstvertrauen. Ich möchte das Gefühl haben, es richtig zu tun. Ich möchte verstehen, was ihr mir sagt. Ich möchte Zeit mit dir verbringen. Ich möchte die Chance, ich selbst sein zu dürfen.«

30. Juni

Die drei Großen stehen im Schatten am Eichenhain. Sie sind unruhig, von Bremsen geplagt.

Tamar: »Ich war ein Benutzter. Ein Gegenstand. Ein Ding. Den Menschen fehlt Herz. Nur wenige haben es. Ich hab immer gekämpft. Ergebnislos. Zwang.

Unterdrückung. Knechtschaft. Es gibt so viele Möglichkeiten, uns Pferde zu unterdrücken. Von Menschen gemacht. Von Menschen erdacht.«

Tamar ist jetzt ganz nahe. Er kaut ab.

»Ich hab Ruhe gefunden. Das ist jetzt sehr gut. Kein Kämpfen mehr nötig. Das tut mir sehr gut. Ich liebe den Frieden, den Vogelgesang. Kann's auskosten jetzt noch. Doch zuvor das war Kampf. Warum kämpfen die Menschen? Geht den Weg des Friedens. Macht Frieden mit uns. Warum habt ihr uns den Kampf angesagt? Warum kämpft ihr, ihr Menschen, zwingt uns in den Kampf?

Wir sind friedlich, wir Pferde. Warum zwingt ihr uns dann? Ich such den Frieden im Menschen. Muss dann gehen bis auf den Grund. Doch der Grund, der ist schlammig. Lasst den Kampf sein, ihr Menschen. Nicht Kampf ist das Ziel. Habt Friede im Herzen. Dann kann ich sanft sein und fürsorglich. Find ich Frieden im Herzen, bin ich sanft wie ein Lamm. Ist da Kampf in den Herzen, ist da Wut und auch Zorn, möcht ich laufen ganz weit weg. Möchte Abstand, möchte Sicherheit, möchte Frieden und Ruhe. Ganz weit fort. Möchte fliehen.

Lasst sie fliehen die Pferde. Lasst der Natur ihren Lauf. Ihr dürft sie nicht zwingen, da zu bleiben. Ihr dürft sie nicht halten, nicht fesseln, nicht binden, nicht knechten, nicht unterdrücken, ihr dürft ihnen keinen Schaden zufügen.

Habt ihr Frieden im Herzen, dann kommen wir von selbst. Wir wollen bei euch bleiben dann. Wir fühlen uns sicher, wir fühlen uns stark, wir fühlen uns gewollt. Ich habe vieles nicht erlebt mit Menschen, wovon ich weiß, dass es so sein könnte. Da liegt viel Potential brach, beim Mensch und beim Pferd. Wir könnten zu etwas Größerem erwachsen, der Mensch und das Pferd. Wir könnten beide profitieren, der Mensch und das Pferd.

Geht in euch, ihr Menschen, erkennt, wer ihr seid. Geht in euch, ihr Menschen, erkennt, wer wir sind. Wir sind Pferde, ihr Menschen. Lasst uns sein, was wir sind. Lasst uns frei sein, lasst uns fliegen.

Wir sind wie der Wind. Wir sind flüchtig, wir sind schnell, wir sind tosend und so stark, wir sind sanft, nur ein Hauch, wir sind zart, wir sind da. Ihr könnt uns nicht halten in den Händen, so wenig wie den Wind. Lasst uns frei sein wie der Wind. Wir sind gern an eurer Seite, habt ihr Frieden in den Herzen. Haltet uns nicht. Bindet uns nicht.

Ich will damit sagen: Ihr dürft kommen zu uns Pferden, wann immer ihr wollt. Wir sind da für euch Menschen, wann immer ihr wollt. Wir helfen tragen eure Lasten, wann immer ihr wollt. Ihr könnt kommen zu uns Pferden, wann immer ihr wollt. Seid ihr friedlich in euren Herzen, könnt ihr uns mitnehmen. Könnt kommen mit Halfter, mit Strick. Wir gehen dann mit. Wir kommen gerne mit.

Seid ihr nicht rein in euren Herzen, Herzen so voller Ballast, dann bindet uns nicht. Wir wollen fliehen, können nicht, und der Kampf beginnt. So viel Zorn, so viel Wut, so viel Angst, so viel Angriffslust. Schlimm, schlimm. Das halten wir nicht aus. Bindet uns nicht. Lasst uns frei sein in unseren Herzen. Lasst uns Pferd sein. Lasst uns laufen vor Gefahr. Lasst uns laufen bei Gefahr. Seid keine Gefahr. Wir müssen laufen bei Gefahr. Lasst uns laufen bei Gefahr.«

Tamar kaut ab.

»Friede sei mit uns.«

Ich fühle mich erschöpft. Tamar übermittelte seine Worte in einer solchen Geschwindigkeit, dass ich kaum mit Schreiben nachkam. Er steht zufrieden neben mir.

1. Juli

Die Großen stehen wieder am Eichenhain im Schatten. Heute frage ich Annabelle.

»Die Welt ist groß. Die Welt ist einzigartig. Jedes Erlebnis ist einzigartig. Alles ist ein kostbarer Schatz. Das Leben ist ein Juwel. Achtet das Leben. Ehrt das Land. Seid froh, auf dieser Welt zu sein. Alles, was euch widerfährt, macht Sinn. Jeder Atemzug ist eine Kostbarkeit. Jedes Erlebnis birgt eine Fülle an Informationen.

Seid wachsam, ihr Menschen. Seid aufmerksam. Wenn ihr zu uns Pferden kommt, dann seid auch ganz da. Jetzt. Hier. In diesem Moment. Oft seid ihr woanders. Es ist schwer, euch zu erreichen.

Manchmal bin ich ein wenig ruppig. Vielleicht möchte ich euch aufwecken. Aus einer Art Schlaf, aus einem Dämmerzustand. Nicht ganz da, die Menschen. Da und doch nicht da. Ganz weit weg im Innern. Beschäftigt mit tausend anderen Sachen, die zu tun sind oder nicht zu tun sind. Alles nicht von Belang für diesen Moment. Alles Ballast.

Dann bin ich ruppig. Wirf ab den Ballast. Sei hier. Bei mir. Ganz da. Manchmal kommt ihr. Habt Bilder im Kopf. Seid gefangen in diesen Bildern: ›Das tun wir jetzt so und so.‹ Dann fühle ich mich nicht anerkannt, nicht erkannt. Das Leben ist einzigartig. Jeder Moment ist einzigartig. Jeder Atemzug ist einzigartig. Du bist einzigartig. Ich bin einzigartig. Nichts geschieht zweimal. Alles nur einmal. Alles ist kostbar.

Nicht die Zeit vergeuden. Nicht den Moment vergeuden. Immer da sein. Immer wach sein. Offen sein. Frei sein. Jedes Pferd ist einzigartig. Jeder Mensch ist einzigartig. Jeder Moment ist einzigartig. Nichts kommt wieder. Kostbar der Moment. Kostbar die Zeit. Nicht verplempern die Zeit. Nicht hetzen mit der Zeit. Die Zeit ist die Zeit, ist der Moment, ist jetzt.

Annabelle

Jetzt ist das Leben. Sofort. Nur jetzt. Das Verplanen der Zeit, das engt mich ein. Wir machen das so, dann so, dann so. Das engt mich ein. Ich bin jetzt so, dann so, dann so. Ich mache jetzt das eine in diesem Moment. Jetzt bin ich so. Jetzt bin ich hier. Mensch, bleib stets wachsam, sei stets da – in diesem Moment.«

Annabelle sendet mir ein Bild. Sie steht mit Laura zusammen. Ein Feld aus Licht umgibt beide.

»So soll es sein. Im Lichte, im Jetzt, Da-Sein, ganz sein, rund sein. Ich mag gerne etwas leisten und dann stolz sein darauf. Ich mag gerne in Verbindung sein mit Laura. Pferd mag gerne in Verbindung sein mit Mensch. Pferd ist Pferd und Mensch ist Mensch. Jeder einzigartig in jedem einzigartigen Moment.

Wer bin ich im Moment? Spür hinein in den Moment. Wer bist du im Moment? Können wir zusammen sein in dem Moment?

Ehrgeiz mag ich nicht. Ehrgeiz macht blind. Ehrgeiz ist auf ein Ziel ausgerichtet. Nicht auf den Moment. Menschen arbeiten auf Ziele hin und vergessen den Moment. Sie vergessen die Einzigartigkeit des Augenblickes. Sie verpassen, sie übersehen viele Gelegenheiten, die zusammenführen könnten Pferd und Mensch.

Ziele könnt ihr gerne haben, ihr Menschen, aber bleibt im Moment. Seid wachsam, seid da im Augenblick. Klar und bewusst, einfach ganz da. Der Mensch kann nur mit dem Pferd kommunizieren, wenn er erkennt, wenn das Pferd kommuniziert. Der Mensch kann nicht kommunizieren, weil er nicht ganz da ist, weil Anteile von ihm in alle möglichen Richtungen zerstreut sind. Er schaut den Anteilen nach, die herumschwirren. Er ist nicht da. Ist nicht bei sich.

Dann können wir heilen. Wir können helfen, die Anteile, die herumschwirrenden Anteile, zurückzuholen. In dem Fall muss sich der Mensch uns vertrauensselig übergeben. Wir helfen dann, damit der Mensch ganz sein kann, wenn er will. Das können wir tun. Der Mensch muss uns lassen. Nicht kommunizieren wollen. Nicht den Ton angeben wollen. Nicht aktiv sein. Sich in sich zentrieren.

Wir holen die Anteile zurück. Ist der Mensch ganz da, dann können wir kommunizieren. Jetzt, hier, in diesem Augenblick. Die Mitte ist wichtig. Harmonie ist wichtig. Ruhe ist wichtig. So-Sein ist wichtig. Es ist der Augenblick, der zählt. In die Ruhe kommen – in die Mitte finden – zu sich kommen – ganz sein – heil sein. Harmonie. Ausgeglichenheit. Freiheit.«

In diesem einzigartigen Moment hier bei den drei Großen am Eichenhain bin ich sprachlos erstaunt.

Hetja

2. Juli

Heute bin ich bei Hetja. Es ist regnerisch, und ich sitze unter dem Vordach. Hetja drückt sehr sanft ihr großes Norwegermaul gegen meine Stirn.

»Ich blase dir meinen Atem auf die Stirn. Aktiviert eure Sinne. Ihr könnt mehr sein als das, was ihr seid. Ich habe so viel gesehen in meinem langen Leben.

Ihr lauft durch die Gegend, als wäret ihr blind. Ihr lauft durch die Gegend, als wäret ihr taub. Ihr lauft durch die Gegend, als wäret ihr gefühllos. All das stimmt nicht. Ich weiß es. So viel liegt verschüttet unter den Trümmern eures Lebens. Ihr müsst aufräumen in euch. Euch von Lasten befreien. So viel Emotion. Und so wenig Gefühl. So selten seid ihr im Frieden. Im Frieden mit euch und der Welt. Immer ist da etwas, das euren Frieden stört. Immer ist etwas, das eure Harmonie stört, eure Ausgeglichenheit, eure Balance. Alles bringt euch in Aufruhr. In den Aufruhr eurer Emotionen.

Lasst die Dinge geschehen wie sie geschehen. Warum diese Emotionen? Im Inneren ist eure Kraft. Im Inneren ist eure Ruhe. Im Inneren ist euer Herz. Im Inneren ist eure Mitte. Ihr seid aus der Mitte gefallen, verteilt euch im Raum, statt bei euch zu bleiben. Die Mitte ist einzig. Ihr macht viel Bewegung. Ihr macht laute Worte. Ihr fühlt euch bedrängt. Ihr bedrängt euch nur selbst. Im Inneren ist Frieden. Im Inneren ist Liebe. Immer diese Unruhe. Innen und außen. Wo ist er geblieben, der Frieden? Zufriedenheit.«

Ich spüre in mir große Unruhe. Das Herz pocht. Ich leite das jetzt ab.

»Ich habe darunter gelitten. Unter Stress, unter Hektik, unter Trubel, unter Zorn, unter Wut, unter Aggression, unter Schlägen, unter Strafen. Ich habe es immer erlitten. Stumm. Schweigend. Tapfer. Für euch. Ich habe mich geopfert. Für euch. War es sinnvoll? War es richtig?«

Sie atmet hörbar aus.

»Ich habe es getan. Es ist durch mich geflossen, all die dunkle Energie. Hab's in den Boden geleitet, nur durch mich geflossen. Ich habe es nie behalten. Habe es weitergeleitet. Und trotzdem tat es weh. Hatte Schmerzen beim Leiten. Ich habe es für euch getan. Bin so tapfer gewesen.«

Ich fühle mich sehr, sehr traurig.

»Keine Heilung mehr nötig. Ich bin jetzt heil und ganz. Suche Ruhe und Frieden. Meine Arbeit ist getan.«

Pause. Ich fühle Ruhe und Frieden.

»Ich wünsche mir, dass die Menschen zur Ruhe kommen, damit die Pferde zur Ruhe kommen, damit die Welt zur Ruhe kommt, damit der Frieden Einkehr halten kann. Ich wünsche mir, dass der Mensch sich in sein Licht stellt, dass er strahlt so hell wie die Sonne. Wir könnten alle strahlen.«

Hetja atmet hörbar aus.

»Mensch und Pferd sind schon lange miteinander verwoben. Unterschätzt euren Einfluss nicht, ihr Menschen. Unterschätzt nicht die Auswirkungen eures Handelns auf alle. Wir leben hier. Für uns ist es das Paradies. Es gibt alles, was wir zum Leben benötigen. Alles ist da zu unserer Zufriedenheit. Seid auch ihr zufrieden, mit dem, was ihr habt.«

Hetja kaut ab.

»Nicht immer noch mehr. Nehmen. Nehmen. Nehmen.«

Hetja scharrt unwillig mit dem Huf.

»Seid zufrieden ihr Menschen, mit dem, was ihr habt. Alles ist da. Zufriedenheit – Friede – Mitte – Liebe – Ruhe – Zufriedenheit.«

Pause.

»Viele eurer Emotionen sind überflüssig. Sie verbrauchen unnötig Energie und schaden allen Mitlebewesen.«

Ich spüre heftigen Unwillen.

»Ihr nehmt euch so wichtig. Ihr nehmt euch als Mittelpunkt der Welt. Wie könnt ihr Mittelpunkt sein, wenn ihr eure Mitte nicht kennt?! Da läuft doch alles aus dem Ruder. Die Mitte der Mitte muss ruhig sein.

Muss stark sein, muss angebunden sein, muss in der Mitte sein. Ihr könnt nicht das Zentrum sein, wenn ihr die Mitte nicht kennt. Wo ist die Mitte? Wo ist die Mitte in euch? Wo sitzt die Kraft? Wo lebt die Ruhe? Wie wollt ihr uns befehlen, wenn euch fehlt, was wir haben?«

Hetja dreht mir jetzt den Hintern zu.

»Möchte zum Abschluss noch was sagen. Ich hab's auch sehr oft sehr genossen mit den Menschen. Da-zu-sein. Mensch und Pferd sind sehr verbunden, sind ganz eng und sich ganz nah. Drum schlägt's auch so viele Wunden.«

Hetja

Die Durchsagen der Pferde hatten Auswirkungen auf mich. Auf mein Denken, Handeln und Fühlen. Meine Wanderung zwischen den Welten war nicht spurlos an mir vorübergezogen. Ich brauchte eine Weile, bis ich wieder vollständig in die Welt der Menschen zurückgekehrt war. Die folgenden Zeilen habe ich in dieser »Zwischenzeit« niedergeschrieben.

Nachwirkungen 1

Es war eine Riesenaufgabe, die Arielle mir stellte. Wenn ich so darüber nachdenke, habe ich das Gefühl, zu viel zu denken, zu zerdenken. Dieses Erlebnis mit den Pferden ist mir heilig. Ich bin nicht mehr die, die ich zuvor gewesen bin. Vieles hat sich verändert. Noch kann ich nicht alles greifen. Ein Teil meiner Veränderung ist mit Sicherheit, dass ich nicht mehr nach allem greifen möchte, nicht mehr festhalten, nicht mehr begreiflich machen. Das schränkt das Erlebnis ein, weil es mich auf meinen Kopf begrenzt. Erleben ist besser als nur denken.

Es fällt mir schwer, in die Welt der Menschen zurückzukehren. Es fällt mir schwer, mit Menschen zu kommunizieren. Ich ertrage den Lärm der Zivilisation noch schlechter als zuvor. Ich erkenne, wie wenig die Menschen wirklich am Geschehen um sie herum beteiligt sind. Wie zerstreut sie sind, wie wenig bei sich. Vielmehr, wie sehr nur bei sich, verknüpft mit ihren Schwierigkeiten, die sie überall mit sich herumtragen, zerstreut, hektisch, unkonzentriert, zerfahren, gedanklich woanders, die Aufmerksamkeit nicht auf den Punkt gerichtet, nicht bei sich, nicht in sich, nicht ganz da, verbissen auf Ziele ausgerichtet, den Moment nicht erkennend, diese Qualität des Zeitpunktes missachtend, egozentrisch, emotional unreif, verwoben, verstrickt, verwickelt, belastet.

Was muss es doch eine Riesenaufgabe sein, ein Mensch zu sein. So viel gilt es zu entwickeln, zu erkennen, zu erleben, zu erforschen, zu verstehen, zu verarbeiten, zu durchdenken, wahrzunehmen, zu bearbeiten, zu regeln, zu lösen, zu verändern, zu lernen, umzusetzen, zu erledigen, zu leisten, loszulassen, zu entwickeln, zu bewältigen, durchzustehen, zu verinnerlichen, zu meistern, zu arbeiten, abzuwarten, anzuleiern, zu tragen, zu erdulden, zu erleiden, zu managen, zu versorgen, zu begreifen, festzuhalten…

Wir Menschen sind schon hochkomplizierte Wesen.

Können wir das vielleicht vereinfachen?

Für uns.

Nachwirkungen 2

Mit den Pferden kommuniziert, das habe ich schon lange. Ich frage die Pferde oft nach ihrer Meinung, und sie tun sie mir kund. Sie sprechen auf körperlicher Ebene zu mir, und sie wissen, dass ich ihnen »zuhöre«, dass ich sie zu Wort kommen lasse.

Sie wiehern mir zu, sie versammeln sich um mich, sie schlagen mit den Hufen in leere Wasserbottiche, sie sind ruhig und gelassen, satt und zufrieden oder sie bedeuten mir durch ihre Unruhe oder auch ihr vorwurfvolles Gewieher, dass es nun wirklich an der Zeit wäre, umzukoppeln. Ich kann ihr Verhalten interpretieren.

Seit vielen Jahren schon finden auch Worte ihren Weg in meinen Kopf und übertragen sich Empfindungen. Im Laufe der Jahre habe ich gelernt, an diese

Informationen zu glauben. Im Nachhinein hat sich ihr Gehalt bewahrheitet. Immer. Es ist schwer, dieses Vertrauen darin zu finden. Es ist schwer, gängige Überzeugungen aus dem Weg zu räumen, um voranschreiten zu können. Das habe ich so empfunden. Mittlerweile sind mir die Überzeugungen anderer Menschen nicht mehr so wichtig. Ich kann nur meinen eigenen Weg gehen. Zu diesem Weg gehören viele Utopien. Und viele Pferde. Eine ganze Herde sogar.

Erst seit ich mich ganz den Pferden widme, kann ich sagen, dass ich ein zufriedenes Leben führe. Die Pferde haben mir in meinem Leben immer die Richtung gewiesen. Ich bin zufrieden mit dem, was dabei herausgekommen ist. Die Pferde sind zum Alltag für mich geworden. Sie sind Teil meines Lebens. Wir kommunizieren miteinander auf mehreren Ebenen. Den Einstieg habe ich über die Kommunikation auf körperlicher Ebene gefunden. Ich nannte sie die Partnerschaftliche Kommunikation mit dem Pferd. Damit wollte ich ausdrücken, dass die Kommunikation mit dem Pferd einen Dialog bedeutet, Interaktion also.

Viel zu häufig habe ich gesehen, dass die Menschen in Monologen verharren. Sie weisen das Pferd an, dies und jenes zu tun oder zu lassen. Das Pferd aber kommt dabei nicht zu Wort. Das hat mir nicht gefallen. Ich wollte es anders machen. Pferde sind so erstaunliche, wunderbare Wesen. Wir sollten sie zu Wort kommen lassen. Bei einer echten Kommunikation findet immer viel mehr statt als »nur« das Spiel der Körper.

Wenn es »klick« macht und Mensch und Pferd sich aufeinander eingestellt haben, dann geht die Kommunikation weit über die Sprache der Körper hinaus. Es wird ein Spiel, ein Tanz, eine Form der Meditation. Neue Ebenen der Verständigung zeigen sich. Natürlich zeigen sich auch Irrwege. Aber gerade die Irrwege bergen ein großes Entwicklungspotential. Existenz findet auf vielen Ebenen gleichzeitig statt, auf denen wir mit unseren Mitlebewesen kommunizieren können. Wir Menschen bevorzugen die verbale Kommunikation aus vielfältigen einleuchtenden Gründen. Körperlich kommunizieren wir dennoch, wenn auch leider oft unbewusst. Doch es gibt noch weitaus mehr Ebenen. Die emotionale Ebene zum Beispiel. Oder eben die mentale Ebene.

Schwingen wir uns auf die mentale Ebene hinauf, so eröffnen sich uns ganz neue Welten. Diese Welten sind mit den uns schon bekannten und vertrauten Ebenen verbunden. Sie bedingen einander, greifen ineinander. Für uns Menschen ist es wichtig, diese Zusammenhänge wieder zu erkennen und uns immer öfter einmal auch hinaufzuschwingen. Wir könnten unsere materielle Welt dadurch erheblich verbessern. Was die meisten Menschen daran hindert, dies zu tun, ist ihr mangelhafter Glaube an die Existenz weiterer Ebenen.

Es ist natürlich klar, dass sich nicht erschließt, was für unmöglich gehalten wird.

Ich glaube, die Pferde haben mir Botschaften übermittelt. Es ist oft so schnell durch mich hindurchgeflossen, dass ich Schwierigkeiten hatte, in dieser Geschwindigkeit mitzuschreiben. Schon bevor ich Fragen in meinem Gehirn fertig formulieren konnte, flossen die Antworten wie von selbst auf das Papier.

Ich kann mir kaum vorstellen, dass ich weise genug bin, um all diese Botschaften aus irgendwelchen verstaubten Schubladen meiner vergessenen Erinnerungen hervorzukramen. Wenn das so wäre, dann müsste ich mich jetzt nicht mit der Umsetzung der Inhalte auseinandersetzen. Ich wäre der Pferdeguru schlechthin. Alle meine kleinen und größeren Probleme im Umgang mit den Pferden hätten sich schon längst in Wohlgefallen aufgelöst. Haben sie aber nicht.

Da liegt wohl noch viel Potential in mir brach, verschüttet womöglich unter einem Haufen unnötigen Ballast, der sich im Laufe meines Lebens angesammelt hat.

Trotz dieser Erkenntnis fühle ich mich gut. Ich fühle mich so gut wie selten in meinem Leben. Ruhig, mittig, satt. Ich möchte so gerne die Welt verändern. Für uns Menschen, für die Pferde, für alle anderen Mitlebewesen, für den ganzen wundervollen Planeten Erde, auf dem wir leben.

Nachwirkungen Ende

Ich bin jetzt wieder ganz da.

Was ich mit Sicherheit weiß: Ich bin kein Pferd. Mein Ziel sollte es nicht sein, zu werden wie ein Pferd. Dann wäre ich nicht als Mensch geboren. Ich wäre ausgerüstet mit weitaus besseren Sinnesorganen und mein Bewegungsapparat wäre auf andere Abläufe spezialisiert. Mir als Mensch sind zum Pferdsein biologische Grenzen gesetzt. Ich habe andere Aufgaben in dieser Welt als ein Pferd. Gerade mir als Mensch sollte es möglich sein, die Welt der Pferde und die vielen Ebenen des Seins in mein tägliches Leben zu integrieren.

Wir leben in einer Zeit, in der sich feste Grenzen verwischen. Tiere und Pflanzen reden wieder mit uns, so dass wir sie hören und verstehen können. Sie bieten uns ihre Hilfe an, aber sie bitten uns auch um Hilfe. Es ist an uns Menschen, uns zu verändern, uns zu entwickeln hin zu einem höheren Bewusstsein, das in der Lage ist, sehr vieles zu integrieren. Das heißt auch, heimzukehren in das All-Eine. Diesmal nehmen wir unsere Individualität mit, unser Ich-bin-Bewusstsein.

Rückblick Herbst/Winter 2016/2017
oder
Der Absturz nach dem Höhenflug

Im Herbst 2016 verwandelten sich unsere Pferde in Wildpferde. Frei und ungefesselt zerrissen sie mehrfach die Weidezäune und trieben ihr Wildpferd-Unwesen in Nachbars Felder und Wiesen. Da stand noch frisches nachgewachsenes Grün oder leckere gerade aufgekeimte Wintersaat. Sie galoppierten beschwingt von ihrer Geschwindigkeit und der Herdendynamik über verlassene Feldwege, erkundeten die nähere Umgebung, um dann ganz freiwillig in heimische Gefilde zurückzukehren. Satt und zufrieden warteten sie dann auf des Nachbarn Feldern auf die langsamen Zweibeiner, die atemlos und mit Halfter und Stricken bewaffnet den Hang heraufgekrochen kamen, um im Halbdunkel oder Dunkeln die versprengten Herdenmitglieder einzusammeln. Nur unser Kaltblüter zeigte leider seine Unabhängigkeit und verblieb lieber in saftigeren Weidegründen, anstatt den Anschluss an die Herde nicht zu verlieren. Das büßten wir Menschen mit einem suchenden Ausschwärmen in der mittlerweile stockdunklen Nacht.

Die emotionale Ausgeglichenheit, von der die Pferde im Sommer so geschwärmt hatten, war bei mir dahin.

Verzweiflung, Wut, Angst und auch Hass auf die blöden Viecher, die mir das Leben schwermachten, plagten mich. Das Verbleiben im Hier und Jetzt machte grausamen Zukunftsvisionen Platz von nicht wiedergefundenen Pferden oder Pferden, die in schreckliche Verkehrsunfälle verwickelt waren oder tobsüchtigen Bauern, die Gelder in schwindelerregender Höhe von mir verlangten, um den entstandenen Schaden an ihrer Frucht zu ersetzen.

Ich wurde zur Fährtenleserin, die ganz nach Wild-West-Romantik den Hufspuren folgte. Ich hätte wohl besser die Hände in den Schoß gelegt und vertrauensvoll auf die Rückkehr der Herde gewartet. Gefunden habe ich die Pferde durch meine Hufspurensuche nicht, und von jedem noch so kleinen Hauch an Romantik war ich meilenweit entfernt. Allerdings gewann ich eine ungefähre Vorstellung davon, wo sie sich überall herumgetrieben hatten.

Die Zeit der Wildpferde war auch die Zeit der ziehenden Vogelschwärme und leider auch die Zeit der Treibjagden mit viel menschlichem Lärm, Getöse und Schüssen, versprengten Wildschweingruppen und kläffenden und stromernden Jagdhunden. Es war eine Zeit der Unruhen, des Wanderns und des Umherirrens.

Die sonst so umgängliche und ausgeglichene Herde bestand aus unzufriedenen, unausgeglichenen und aggressiven Mitgliedern. Die Pferde standen ständig unter Strom, und die Zeit, in der sie erfolgreich hinter Zäunen blieben, verbrachten sie nicht etwa grasend, sondern damit, an diesen unnötigen Hindernissen ruhelos auf und ab zu tigern. Sie stänkerten untereinander und bemühten sich darum, rangniedrigere Pferde in den Zaun zu treiben. Streit war unter ihnen an der Tagesordnung. Mir gegenüber verhielten sie sich fordernd. Sie rannten ans Ende der Koppel und wieherten in anklagend anmutendem Tonfall, damit ich ihnen Tore öffnete, die dort nicht existierten. Natürlich hätte ich auch einfach den Zaun abbauen können. Das sahen sie, glaube ich, nicht so eng.

Meine Freude an der Pferdehaltung war dahin. Vorbei die Zeit, in der ich in glückseliger Erwartung zu den Pferden eilte. Schon von weitem hielt ich nun mit einem flauen Gefühl im Magen nach ihrem Vorhandensein Ausschau. Auch ich stand unter Strom. Und ich hatte die Nase gestrichen voll von ihren Allüren. Wir Menschen haben schlussendlich eingesehen: Die Herde war außer Rand und Band und nicht mehr hinter den üblichen Koppelzäunen zu halten. Was nutzten da die beiden großen Koppeln, die in jungfräulichem Erscheinungsbild auf das Beweiden der Pferde warteten, wenn sich nebenan Nachbars Wintersaat so viel vielversprechender für die Herde darstellte?

Wir Menschen machten deswegen kurzen Prozess. Wir läuteten schon im Herbst die Wintersaison ein und holten die Wildpferde heim ans Haus. Dort sperrten wir sie vier Tage gänzlich in ihren Offenstall mit angrenzendem Auslauf ein, auch wenn das wohl auf die Dauer ein wenig eng gewesen ist. Wo die Einzäunung nicht zusätzlich durch fließendes Wasser gesichert ist, behalfen wir uns mit Fahrzeugen, die nah an den Zaun geparkt wurden.

Die Pferde tobten, nun sicher verwahrt, wie kleine ungezogene, trotzige Kinder. Aber alles Aufbegehren half ihnen nichts. Erst als sie ihren Widerstand aufgaben und von ihrem »hohen Ross« wieder herunterkamen, ließen wir sie tagsüber auf ihre Winterkoppel, die als Hochsicherheitstrakt mit fünf Reihen Elektrozaun ausstaffiert ist. Insgesamt vierzehn Tage peppte ich ihr Trinkwasser mit Notfalltropfen (Bachblüten) auf. Nach einer gefühlten Ewigkeit war sie endlich wieder da: die harmonische und zufriedene Herde voller ausgeglichener Pferde.

Das hat mich sehr erleichtert und das Glücksgefühl in mein Leben zurückgebracht.

Zum Abschluss

Arielle grast bei der Herde. Sie hat mir gestern angeboten, das Ende dieses Büchleins zu diktieren. Es ist jetzt Frühsommer 2017. Dieses ganze Projekt ist ein wenig ins Stocken geraten. Ich hänge fest und weiß nicht weiter.

Arielle

Arielle: »Du möchtest etwas zu Ende bringen, wofür es kein Ende gibt. So lange Menschen und Pferde existieren, so lange entwickelt es sich. Immer und immer wieder. In Spiralen, die sich im Äther bewegen. Wir drehen uns im Kreis und beginnen so manches von vorne. Es geht tiefer und tiefer in Windungen, Verstrickungen, Maschengebilden. Wir sind da, um den Menschen auf ihrem Entwicklungsweg zu helfen. Und wir sind da, um uns selbst zu entwickeln. Lehren und lernen zugleich. Die Ebenen, auf denen wir uns begegnen, bestimmt ihr Menschen. Weit unten oder hoch oben. Es ist an der Zeit, die Welt zu ändern. Wir treffen oft auf taube Ohren. Hören kann jeder. Können wir euch so erreichen? Wir schicken dies Büchlein auf seine Reise in die Welt. Wird es Abenteuer erleben? Wird es etwas erreichen? Wird es euch erreichen? In den Herzen erreichen. Die Hände halten das Buch.«

Arielle zeigt mir jetzt, wie Licht und Energie aus dem Buch in die Hände des Menschen fließen, sich ausbreiten, die Unterarme entlang, sich immer weiter ausbreiten, bis der lesende Mensch ganz in Licht gehüllt ist.

»Wenn wir die Herzen der Menschen erreichen, so ist das Werk getan.«

Die Herde

Zwei Besonderheiten sind an unserer Herde erwähnenswert.

Wir betreiben keinen Pensionspferdestall. Dadurch entfällt das ständige Rein und Raus von neuen Herdenmitgliedern, das Unruhe innerhalb der Herde verursacht, da Rangordnungen und Beziehungsgeflechte neu geklärt und gefestigt werden müssen.

Einige der Pferde sind miteinander verwandt. Diese Familienverbände geben eine feste Struktur vor. Unsere Herde ist also ein fester Verband von Pferden, die seit Jahren miteinander leben oder sogar in die Herde hineingeboren worden sind. Die Pferde, die nicht bei uns aufgewachsen sind, stammen aus unsachgemäßen Haltungen. Sie wurden geschlagen, getreten, ausgebeutet und/oder mangelhaft ernährt. Manche dieser Pferde waren für den Menschen gefährlich, andere hatten sich in sich zurückgezogen und mieden jeglichen Kontakt zu uns Zweibeinern. Mittlerweile zeigen sich alle Herdenmitglieder den Menschen gegenüber offen, zugänglich und kooperativ.

Die Großen

Die drei Großpferde bilden eine Gruppe für sich. Alle drei sind gescheiterte Turnierpferde: ein Springpferd, ein Vielseitigkeitspferd und ein Westernpferd. Jedes dieser Pferde hat sich auf seine eigene Art und Weise dem Turniersport verweigert, und sie sind auf unterschiedlichen Wegen letztendlich bei uns gelandet.

Hetja

Hetja ist im Herbst 2016 im Alter von 42 Jahren verstorben. Sie war ein Pferd voller Würde, und obwohl sie einst mit Menschen sehr schlechte Erfahrungen gemacht hatte, ist sie doch sehr offen und zugänglich geblieben und jedem vorbehaltlos begegnet. Von ihrer großen inneren Stärke haben alle, die mit ihr zu tun hatten, profitiert.

Anhang

Ein Brief an die Leserin/den Leser

Lieber Mensch!
Ich frage mich, wer du bist. Ich frage mich, wie du das Gelesene aufgenommen hast.

Fühlst du dich in der Pferdeszene zu Hause? Bezeichnest du dich als spirituell? Kannst oder willst du beides zusammenbringen? Ich frage mich, welche Fragen sich dir gestellt haben, welche Antworten du bekommen hast.

Waren die Botschaften der Pferde wichtig für dich? Haben sie etwas in oder an dir verändert? Hat sich etwas für dich verändert? Oder hast du alles als Spinnerei abgetan? Kommunizierst du selbst schon auf deine ureigenste Weise mit den Pferden? Hast du ein eigenes Pferd, eigene Pferde, eine Reitbeteiligung?

Spürst du diese große Anziehungskraft, die von den Pferden ausgeht? Möchtest du mit Pferden ganz anders kommunizieren? Möchtest du ihnen noch näher kommen?

Glaubst du an dich und deine Fähigkeiten? Erkennst du das große Ausmaß an Fähigkeiten, die dir gegeben sind?

Diese und viele weitere Fragen stelle ich mir. Ich bin neugierig, auf welche Art die Botschaften der Pferde dich erreichen. Ich wünsche mir, dass sie dich erreichen. Ich wünsche mir, dass sie dich voranbringen und dir neue Horizonte eröffnen. Ich wünsche mir, dass sich für dich neue Ebenen erschließen. Ich wünsche mir, dass du staunst, so wie auch ich immer wieder staune.

Alles Liebe und viele Grüße von mir an dich und viel Glück auf deinem Lebensweg

Pia

P.S. Ich würde mich freuen, wenn die Informationen auf den nachfolgenden Seiten hilfreich für dich sind.

Wie ich es tue

Ich setze mich an einen Ort, an dem ich mich wohlfühle, nahe beim Pferd, mit dem ich kommunizieren möchte. Ich entspanne mich, schließe die Augen. Dann baue ich einen Lichtkreis um mich auf oder ich hülle mich in Licht, so wie ich es eben in dem Moment am besten umsetzen kann.

Dieses Licht senkt sich auf mich hernieder, hüllt mich ein und erreicht schließlich jede Zelle meines Körpers. Ich werde durchspült und gereinigt. Oft nehme ich Kanäle in mit wahr, die unter Umständen gesäubert werden, von Schmutz und Ablagerungen befreit. Das Licht in mir löst die Verunreinigungen auf oder transportiert sie nach außen ab.

Ist dies geschehen, so bitte ich alle helfenden, heilenden und lichten Kräfte, Wesenheiten und Energien um ihren Schutz und um ihre Mithilfe. Ich bitte darum, Kanal sein zu dürfen für das, was jetzt fließen will.

Nun stelle ich mir zum Beispiel vor, ein leeres, sauberes Gefäß zu sein, aufnahmebereit, klar und rein. Oder ich betätige imaginär einen Regler, der ähnlich einem Radioempfänger in der Lage ist, meinen Kanal zu verstellen. Ich gehe auf Empfang. Sinnvoll ist es, Papier und Stift dabeizuhaben, denn die Erlebnisse und Informationen, die in diesem veränderten Bewusstseinszustand durch mich hindurchfließen, sind nicht so einfach ins normale Wachbewusstsein mit hinüberzunehmen. Die Erinnerungen daran verhalten sich ähnlich, wie Erinnerungen an einen Traum, der zwar das Gefühl von Bedeutsamkeit hinterlässt, aber am nächsten Morgen womöglich nicht mehr zur Gänze greifbar ist.

Ich schreibe alles mit, was kommt. Auch wenn der Anfang manchmal holperig ist und mir unsinnig vorkommt. Vielleicht passiert zuerst auch überhaupt nichts. Dann lasse ich mich ein auf die Stille, tauche in sie hinab und versuche nicht, sie mit Worten aufzufüllen. Diese eigenen Gedanken würden mein Empfangsbewusstsein wieder auf Senden umstellen. Die Stille bringt mich meist in einen Zustand extremster Klarheit. In dieser Stille liegt das Gefühl der Hingabe an den Moment und die Zuversicht, dass alles richtig ist, wie es ist, und was noch kommen mag richtig sein wird.

Wenn die Durchsagen beginnen, Gefühle aufkommen oder ich Bilder empfange, so schreibe ich alles mit. Ich zensiere nicht, werte nicht, deute nicht, analysiere nicht, denke nicht. Ich bin nur Kanal, durch den es fließt. Ungefiltert. Ähnlich dem leeren Blatt Papier, das ich beschreibe.

Ich kann Fragen stellen, aber die Antworten darf ich nicht durch eigene Gedanken stören. Manchmal, wenn das Tempo der Durchsagen zu hoch ist und ich mit Schreiben nicht mithalten kann, dann bitte ich um Geschwindigkeitsreduzierung. Das klappt.

Zum Ende frage ich, ob das Pferd mir noch etwas mitteilen möchte, ob ihm etwas auf dem Herzen liegt. Wenn es nicht das ist, was ich sowieso gefragt habe. Manchmal fließt noch Information, manchmal auch nicht. Anschließend bedanke ich mich bei dem Pferd. Ich bedanke mich auch bei allen Kräften, Wesenheiten und Energien, die mitgeholfen haben.

Dann kehre ich langsam ins Wachbewusstsein zurück. Dafür lasse ich mir die Zeit, die ich brauche. Das ist unterschiedlich je nach Dauer und Intensität des Erlebten. Fühle ich mich wieder ganz normal, dann lese ich das Geschriebene durch und staune.

Das war jetzt die Langversion. Nicht immer und in allen Lebenssituationen bietet sich mir die Möglichkeit, mich so gründlich vorzubereiten. Nicht immer und in allen Lebenssituationen trage ich Papier und Stift mit mir herum. Lässt es sich einrichten, so bevorzuge ich die Langversion. Durch das vielfältige Anwenden dieser Langversion bin ich natürlich auch routinierter geworden und damit auch durchlässiger. Ich habe gelernt, mit dieser Durchlässigkeit zu leben. Ich kann sie fördern, wenn ich das möchte. Aber manchmal ist es auch notwendig, alle Luken zu schließen und geschlossen zu halten. Ich halte es für wichtig, meine Durchlässigkeit in meinen Alltag mit den Pferden zu integrieren. Wäre ich auf einen konventionellen Pensionspferdestall angewiesen, so würde ich mir das zweimal überlegen.

»Ich leite das jetzt mal ab«

Es kommt oft vor, dass ich Gefühle sehr stark empfange. Es sind zum Beispiel Gefühle von Angst, Ohnmacht, Trauer, Hoffnungslosigkeit, Einsamkeit, Herzschmerz, Unruhe, Nervosität, Ungeduld, Unzufriedenheit, Überdruss, Missmut.

Diese Gefühle sind oft sehr heftig und können sich auch körperlich manifestieren. Das tun sie in Form von Anspannung, Verkrampfung, Übelkeit, Bauchschmerzen, Unterleibsschmerzen, Kreislaufproblemen, Herzrasen, Zitterbeinen und so weiter. Es ist wichtig, diese Gefühle sich nicht anheften zu lassen. Ich nehme sie wahr, vergegenwärtige mir, dass ich ausschließlich Kanal bin und lasse sie durch mich hindurchfließen.

Manchmal bedarf es der Konzentration darauf, Wurzeln aus meinen Fußsohlen ins Erdreich wachsen zu lassen, um den Abfluss zu gewährleisten, zu beschleunigen. Ich stelle mir auch Lichtenergie vor, die reinigt und säubert. Manchmal empfinde ich Knoten, die ich mit Hilfe deutlicher Ausatmung lösen und ableiten kann.

Übungen

Alle Übungen kannst du natürlich auch mit Pferd oder in der Nähe des Pferdes ausführen. Wichtig ist aber, dass du dir einen geschützten Raum schaffst. Also mögliche Ablenkungen minimieren und für deine Sicherheit sorgen. Ist dein instinktives Verhalten nicht einwandfrei zuverlässig, das heißt, verfügst du nicht über eine blitzschnelle körperliche Reaktion, ohne nachzudenken, so ist es nicht ratsam, sich inmitten einer Pferdeherde niederzulassen. Interaktionen zwischen den Pferden führen allzu oft zum Umschlagen der gerade noch friedlichen Stimmung. Schon das plötzliche Ausweichen eines Pferdes vor einem ranghöheren Herdenmitglied kann für dich potentiell gefährlich werden, wenn du nicht in der Lage bist, deinen Raum zu wahren.

Sanuk (links) und Joline (rechts)

Wie rücksichtsvoll oder eben nicht rücksichtsvoll sich Pferde dir gegenüber verhalten, hängt nicht allein von deiner Position innerhalb des Herdenverbandes ab, sondern eben auch von den pferdischen Interaktionen untereinander. Es kann nämlich sehr wohl sein, dass ein rangniedriges Pferd in Richtung eines ranghöheren Pferdes oder Menschen ausweicht, wenn es die Situation erfordert. Deine hoffentlich ranghöhere Stellung schützt dich nicht in allen Lebenslagen. Also nochmals: Schaffe dir einen sicheren Rahmen. Manche Übungen »haben es in sich«. Es ist möglich, dass du tief abgleitest. Dein Wachbewusstsein befindet sich nur am Rande deiner Wahrnehmung. Innerhalb einer Pferdeherde können sich die Stimmungslagen von einer auf die andere Sekunde unvermittelt ändern. Bringe dich nicht unnötig in Gefahr.

Ich habe die Erfahrung gemacht, dass Pferde meditative Zustände beim Menschen als sehr angenehm empfinden und oft von selbst die Nähe suchen. Es können magische Momente tiefster Verbundenheit erlebt werden.

Verbringe viel Zeit mit deinem Pferd

Integriere immer wieder Augenblicke in deinen Pferdealltag, in denen du passiv bist, nichts von dem Pferd willst, verlangst. Schärfe deinen Blick dafür, wie viel Ansprüche du an das Pferd stellst, wenn du deine Zeit mit ihm verbringst. Putzen, Halftern, Führen, Bodenarbeit, Reiten…

Ansprüche, Ansprüche, Ansprüche.

Füge Momente ein, in denen du keine Ansprüche stellst. Momente, in denen ihr beide das So-Sein genießt.

Beobachte das Pferd in seiner natürlichen Umgebung. Lass es auf dich wirken. So kommst du ihm näher.

Lass dich nicht von den vielen Besserwissern von der Umsetzung deiner Eingebungen abhalten. Jeder muss seinen eigenen Weg beschreiten. Menschen sind individuell. Pferde sind individuell. Fördere deine Empathie.

Das Nichts-Tun tun

Nichts-Tun ist für uns Menschen eine schwierige Übung. Such dir einen Platz in der Natur, an dem du dich wohlfühlst. Setze oder stelle dich bequem hin. Tue jetzt nichts außer dem Wahrnehmen, dem Aufnehmen, dem Geschehenlassen. Das tut Körper, Geist und Seele gut. Nichts tun, alles loslassen, nur sein. Dann lasse das Wahrnehmen los. Lasse das Aufnehmen los. Lasse das Geschehenlassen los. Nur sein.

Den Raum wahrnehmen

Suche dir einen Platz in der Natur, an dem du dich wohlfühlst. Entspanne dich. Nimm deinen Körper wahr. Nimm die Grenzen deines Körpers wahr. Wo in dir befindet sich das, was wahrnimmt? Lass es sich über die Grenzen deines Körpers hinaus ausdehnen. Lass es herausfließen und den Raum außerhalb spüren. Spüre hinein in den erweiterten Raum außerhalb deines Körpers. Gebe dich der Wahrnehmung hin. Fühle. Ziehe dich dann wieder zurück. Mache dir die Körpergrenzen deiner Haut bewusst. Spüre deinen Körper. Falls du Anspannungen wahrnimmst, leite sie ab. Dann lass es gut sein.

Den Gedankenstrom stoppen

Suche dir einen Platz in der Natur, an dem du dich wohlfühlst. Übe dich im Nichts-Tun. Kommen Gedanken auf, so lass sie an dir vorüberziehen wie nette kleine Wölkchen. Versetze dich in die Rolle des Beobachters, der Beobachterin. Nimm innerlich Abstand zu deinen Gedanken. Messe ihnen keine Bedeutung zu. Lass sie sich einfach weiterbewegen, vorüberziehen. Wenn du denkst, dass du schon wieder denkst, so denkst du.

Sollte diese Vorgehensweise bei dir nicht von Erfolg gekrönt sein, so kannst du es auch mit einem Mantra versuchen. Ersetze deinen Gedankenstrom durch selbst ausgewählte Worte, die dir etwas bedeuten und positiv besetzt sind. Friede und Freiheit, Licht und Liebe oder was auch immer dir angenehm erscheint. Du kannst dein Mantra mit der Atmung verweben.

Zum Beispiel beim Einatmen »Licht« denken und beim Ausatmen »Liebe« denken und umgekehrt.

Übe dich in der Wiederholung der Worte, bis sie an Bedeutung verlieren. Dann lass sie einfach bedeutungslos an dir vorüberziehen. Es ist die innere Haltung, die du einnimmst, die dabei so wichtig ist. Das Unbeteiligtsein ist die Eintrittspforte in das Reich der Stille.

Wenn du einmal das Reich der Stille betreten hast, dann wird es dir immer leichter fallen, es zu erkennen und auch für längere Zeit darin zu verweilen.

Lauschen

Suche dir einen Platz in der Natur, an dem du dich wohlfühlst. Lausche einem Geräusch in der Natur. Das kann das Plätschern des Wassers sein, die Geräusche des Windes, das Rascheln des Blattwerkes der umstehenden Bäume, der Gesang der Vögel oder eines Vogels, das Zirpen der Grillen. Lass dich ganz auf dieses Geräusch ein. Lass es in deinen Kopf eindringen und den Gedankenstrom fortspülen. Lass deine verstaubten Gehirnzellen reinigen ohne dein Zutun. Bade in diesem Zustand. Lausche nur. Lass zu, dass du gänzlich von diesem Geräusch erfüllt wirst. Du weißt, wann es genug ist. Je nach Intensität der Übung dauert es manchmal ein wenig länger, bis du in deinen üblichen Bewusstseinszustand zurückgekehrt bist. Setze dem keine Widerstände entgegen. Genieße den langsam fließenden Übergang. So übst du dich auch im So-Sein, im Geschehenlassen.

Dem Gesang der Vögel lauschen
Suche dir einen Platz in der Natur, an dem du dich wohlfühlst. Suche dir dort eine Stelle, an der du es dir gemütlich machen kannst. Mach es dir so richtig gemütlich und bequem. Vielleicht möchtest du dich mit dem Rücken an einen Baumstamm lehnen. Hast du dich häuslich eingerichtet, so konzentriere dich auf eine ganz bestimmte Vogelstimme. Höre einzig dieser eine Weile zu. Sperr die anderen Vogelstimmen aus deiner Wahrnehmung aus.

Klappt das gut, so suche dir eine andere Vogelmelodie aus, der du so lange lauschst, wie du möchtest. Jede Vogelart beherrscht ein ihr eigenes Instrument, eine eigene Melodie, einen eigenen Rhythmus. Lass sie sich dir vorstellen, sich dir offenbaren. Eine Melodie nach der anderen Melodie. Gibt es viele unterschiedliche Vogelarten, dort wo du sitzt? Spürst du, wie jeder einzelne Vogel am Gewebe der Luft spinnt?

Lass jetzt die unterschiedlichen Melodien zu einer Sinfonie der Vögel zusammenfließen. Verändere deinen Fokus auf die Gesamtheit der Vogelstimmen. Vermeide es, eine einzelne herauszuhören. Genieße das Konzert, so lange dir der Sinn danach steht.

Die Verbindung zur Erde und zum Himmel fühlen
Suche dir einen Platz in der Natur, an dem du dich wohlfühlst. Stelle dich aufrecht hin, die Füße fest auf den Boden und parallel nebeneinander. Schaue auch, dass deine Fußspitzen weder nach außen noch nach innen weisen. Suche deine Mitte und richte deinen Körper um sie herum auf. Stehst du gut? Fühlst du dich wohl so? Möchtest du noch etwas an deiner Haltung verändern? Gut so?

Dann gehe mit deiner Wahrnehmung in deine Fußsohlen. Spüre den Kontakt zu dem Untergrund, auf dem du stehst. Spüre ganz tief hinein. Nun lass aus deinen Fußsohlen Wurzeln wachsen, die sich tief in das Erdinnere hinein verzweigen. Du kannst deinen Wurzeln auch eine Farbe geben, wenn du möchtest. Über diese Wurzeln trittst du in Kontakt mit dem Erdreich. Spüre die Energie des Erdreiches. Spüre, wie du sie mit Hilfe deiner Wurzeln in deinen Körper hinaufziehst, wie sie dich erfüllt, dir Kraft schenkt, dich standfest und sicher werden lässt. Spürst du die Schwere, aber auch das Gehaltenwerden? Spürst du, wie du dich aufrichtest und groß wirst? Spüre hinein und spüre, was auch immer im Moment gerade wichtig für dich ist.

Dann breite die Arme aus mit den geöffneten Handflächen gen Himmel.

Fühle in deine Handflächen hinein, die zum Himmel weisen. Spüre die Energie, die deinen Körper umgibt.

Es ist die Energie des Himmels, die dich leicht werden lässt und frei, ein wenig beschwingt, vergnügt, verspielt. Lade diese Energie ein, dich ganz auszufüllen. Folge dieser Energie, bewege dich, wenn du möchtest, tanze, wenn dir der Sinn danach steht oder bleibe ruhig stehen und genieße. Es wird sich dir zeigen, was sich zeigen will.

Nun lass sich Erd- und Himmelsenergie in dir vereinen. Du bist mit beidem verbunden, von beidem durchdrungen. Du bist ein Teil von allem.

Die Vorstellung, ein Baum zu sein

Hast du die Verbindung zur Erde und zum Himmel einmal hergestellt, so kannst du nun in die Vorstellung eintauchen, ein Baum zu sein. Deine Wurzeln reichen tief ins Erdreich hinein. Sie geben dir Halt und versorgen dich mit Nährstoffen, mit Energie. Deine ausgestreckten Arme sind Äste, die sich zum Himmel strecken. Deine Beine, dein Unter- und Oberkörper bilden den Stamm. Du kannst in dein Blattwerk spüren, das die Sonnenenergie aufnimmt oder den Regen, der deinen Durst löscht. Du kannst empfinden, wie deine Blätter Energie aufnehmen und diese sich über die Äste in den Stamm überall verteilt. Die Energie fließt durch dich hindurch nach unten zu deinen Wurzeln. Und von deinen Wurzeln ausgehend fließt Energie nach oben in den Stamm, zu den Ästen, in das

Blattwerk. Energie von unten nach oben und von oben nach unten gleichzeitig. Da ist immer etwas in Bewegung. Es kribbelt und fließt, erfüllt dich und fühlt sich einfach gut an. Du bist eine Antenne, verbindest den Himmel und die Erde miteinander. Diese Aufgabe zu erfüllen, das tut sehr gut.

Das möchte ich dir noch mit auf den Weg geben

Reikieinweihungen und Chakraarbeit haben mich in meiner persönlichen Bewusstseinsentwicklung und -erweiterung erheblich vorangebracht. Das Thema Krafttiere lässt sich sehr gut mit der Chakraarbeit in Einklang bringen. Deine Chakra- und Krafttiere kennenzulernen, ist sicherlich eine große Bereicherung für dich.

Ich gehe oft zu Bäumen, wenn ich Rat suche. Ich empfinde sie als sehr weise und würdige Mitlebewesen. Ich hege große Achtung vor ihnen. Sie sind meistens sehr offen und hilfsbereit.

Gärtnern ist eine gute Möglichkeit, um mit der Erde in Kontakt zu kommen.

Die Beschäftigung und Auseinandersetzung mit Pferden schärft deine Persönlichkeit. Sie spiegeln dich und zeigen dir deine Schattenseiten. Sie holen Verborgenes vom Dunkeln ins Licht. Aber sie sind auch eigenständige Wesen mit Launen und Unarten. Sie sind ebenso individuell wie du. Sie haben gute und schlechte Tage, so wie du.

Wenn du mit Pferden zu tun hast, dann verheddere dich nicht in deinem Gehirn. Folge deiner Intuition und folge deinem instinktiven Verhalten. Durchdenkst du zu viel, so entfernst du dich von deinem Pferd. Dein Pferd lebt nicht in dieser Gedankenwelt. Das Pferdeleben ist einfacher gestaltet.

Dankesworte

Dankbarkeit ist eine Empfindung, die vom Herzen kommt. Also, aus ganzem Herzen: Danke!!!

Habt Dank all ihr Mitlebewesen, Kräfte, Wesenheiten und Energien, die ihr mitgeholfen habt.

Danke!

NEUE ERDE im Buchhandel

Neue Erde ist ein kleiner unabhängiger Verlag, und der unabhängige Buchhandel ist unser natürlicher Partner. Wir unterstützen die Initiative »buy local«.

Sollte es Lieferschwierigkeiten bei den Büchern von NEUE ERDE geben, lassen Sie immer im VLB (Verzeichnis lieferbarer Bücher) nachsehen, im Internet unter **www.buchhandel.de**

Alle lieferbaren Titel des Verlags sind für den Buchhandel verfügbar.

Auch mobil können Sie, zum Beispiel mit der App von LChoice, unsere Bücher beim örtlichen Buchhändler kaufen.

Sie finden unsere Bücher auch auf unserer Homepage **www.neue-erde.de** oder in unserem Gesamtverzeichnis, welches Sie gerne hier anfordern können:

NEUE ERDE GmbH
Cecilienstr. 29 · 66111 Saarbrücken
info@neue-erde.de

NEUE ERDE